Jürgen Fliege

Ach, steh noch einmal auf, du toter Gott!

Jürgen Fliege

Ach, steh noch einmal auf, du toter Gott!

Wege zum Vater

Kösel

FSC
Mix
Produktgruppe aus vorbildlich
bewirtschafteten Wäldern und
anderen kontrollierten Herkünften

Zert.-Nr. SGS-COC-1940
www.fsc.org
© 1996 Forest Stewardship Council

Verlagsgruppe Random House FSC-DEU-0100
Das FSC-zertifizierte Papier *Munken Premium* für dieses Buch
liefert Arctic Paper Munkedals AB, Schweden.

Umschlag: Elisabeth Petersen, München
Umschlagmotiv: Mostphotos/Schweden
Foto Umschlagrückseite: Anna Amrhein
Redaktionelle Beratung: Sonja Poppe, Osnabrück
Druck und Bindung: GGP Media GmbH, Pößneck
Printed in Germany
ISBN 978-3-466-36862-4

Weitere Informationen zu diesem Buch und unserem
gesamten lieferbaren Programm finden Sie unter
www.koesel.de

Inhalt

Für
meine Mutter und meinen Vater
und meine Töchter Miriam und Johanna

Vorwort

Deutschland, so hört man, ist für geistlichen Samen der steinigste Acker der Welt. Hier wächst wenig. Manchmal fällt der stille Samen unter die Dornen und wird von ihnen laut und erfolgreich überwuchert. Niemand traut sich ihn zu beachten. Und wer es dennoch wagt, wird verletzt. Manchmal fällt er auch auf längst ausgetretene, trockene Wege. Dahin, wo alles hart, staubig und bitter geworden ist. Da kann sich selbst bei Tau, Tränen und Regen keine kleine Wurzel bilden. Er bleibt verschlossen, kommt unter die Räder, wird zertreten und vergeht. Es gibt auch einen guten Rest Samen, der auf guten Boden fällt, der wächst und wächst und bringt dort tausendfache Frucht. Der hat seinen kirchlichen Segen davon und braucht meine Zuwendung nicht.

Ich kümmere mich hier um den Teil des Samens, der vom Wind und von der Hand des Sämanns dazu bestimmt wird, auf steinigen Boden zu fallen. Und ich schaue ihm voller Liebe nach, wie er zu Boden fällt. Und ich sehe Steine! Dahin will ich mich jetzt wie ein Vogel des Himmels wenden. Ich will fragen und lauschen, warum bei den Steinen nichts aufgeht. Ich schaue auch liebevoll auf all die vielen Steine. Jeder ist anders. Jeder hat sein eigenes Leben gelebt und eine eigene Geschichte. Sie sind uralt.

Und wenn es lauter Grabsteine wären, unter die das neue, kleine, ungeborene Samenkorn fällt? Wenn es die Grabsteine unserer Väter und Großväter wären, die tot oder lebendig, geschlagen und gefallen im Krieg blieben oder wie tot und mit herausgerissenen Seelen aus den Kriegen heimkehrten und für den Rest ihres Lebens verstummten? Wir hatten so viele Kriege und Krieger! Und ich liege mit meinem kleinen Leben, das sein Leben doch vor sich hat, dazwischen. Und die Meinen können mich nicht aufnehmen.

Und wenn nun mit dem Verstummen der Väter und Großväter auch der Gott der Väter und Großväter, der Gott Abrahams, Isaaks und Jakobs und Jesu verstummte und verstarb? Ein versteinerter Gott? Gott ist tot, sagt man in den Cafés und vermutet ihn nicht als Kraft der Auferstehung, die bei den Toten ist und die Toten längst bei ihren Namen rief! Und wenn es so wäre, dass die seit einer Generation beklagte Unfähigkeit zu trauern erst die Unfähigkeit zu lieben bedingen und in Gang setzen würde? Dann käme zuerst die Trauer und dann die Liebe. Und wenn dann die so vaterlos gewordene, versteinerte Gesellschaft im wahrsten Sinne des Wortes ohne Väter nicht mehr fruchtbar sein kann und ausstirbt? Was wäre dann? Es ist hohe Zeit, mit den Steinen zu reden.

Denn der tote Gott unserer Väter lehrte einst, dass selbst Steine nicht tot sind. Er hat sie erschaffen am zweiten Schöpfungstag. Es sind seine frühen Geschöpfe, die, um zu leben, eine bestimmte Temperatur und eine bestimmte Trockenheit brauchen. Gott kann sich aus Steinen Kinder erwecken. Wenn wir sie lieben, wird er sie erwecken und sie werden auferstehen in unser Leben. Und es wird eine Liebe zurückkehren ins Land wie Wasser in die Wüste. Und wir werden leben in unseren Kindern und in unseren Vätern und den Vater aller Auferstehung loben in Ewigkeit.

1. Heilige Nacht der Väter

An meinen längst verstorbenen Vater

Ach steh noch einmal auf ins Leben,
Du toter Papa!
Der Krieg ist aus. Dann hat sich viel begeben.
Ob du wohl weißt, was mir geschah?

Ach, wenn du kommst, gibt es die Frage nicht:
Wer von uns hatte recht in seiner Meinung?
Wenn du nur kommst – doch komm nicht als Erscheinung.
Komm in mein reingeweintes Augenlicht.

Wenn du nur kommst! Ganz greifbar, nicht geträumt.
Wir werden wie zwei Wellen uns umschlingen.
Was uns durch Alter trennte, was versäumt
War, würde groß und unbefangen schwingen.

Ach weiß ich, dass kein Toter aufersteht.
Doch wenn es das, woran ich glaube, gibt,
Papa, dann hauche in mich ein Gebet.
Wir haben uns bisher nur fremd geliebt.

Joachim Ringelnatz

Stille Nacht, heilige Nacht! Es ist jetzt kurz vor Mitternacht in der Christmette, gleich werden die Glocken die Weihnacht einläuten und ich stehe in meinem schwarzen Talar mit dem weißen Beffchen feierlich vor dem Altar in der Kirche und spüre, wie mit einem Mal Tränen über meine Wangen rollen. Was soll ich machen? Sie haben mich nicht gefragt. Tränen fragen nie. Ich bin eben nahe am Wasser gebaut. Und ich weine leise und es tut mir unendlich gut. »Lass sie doch laufen, die Tränen! Ihr Kinderlein kommet und kullert die Wangen herunter, es ist doch Weihnachten!« Weil nur ein paar große Kerzen von dem Altarraum aus die Kirche festlich erleuchten, sind meine Tränen für die anderen Menschen in der Kirche sowieso nicht zu sehen. »Und wenn schon! Tränen sind heilig!«, denke ich mir trotzig. Der »liebe Gott« lässt sie nicht umsonst mitten durchs Gesicht laufen und Spuren ziehen. Da schauen doch alle hin! Seelentropfen sind sie.

Tränen haben eine Art Aura. Sie schützen einen auch. Sie kommen, ob man will oder nicht, von weit her. Sie sind Botschafter, tief aus meinem Dunkeln. Sie passen irgendwie in die Heilige Nacht. »Lass sie doch laufen«, denke ich und lasse sie in der Nase gleich mit runterlaufen und ich weine weiter in mich hinein. Unsinn! Ich weine nicht in mich hinein. Es weint vielmehr aus mir heraus. Und dieses uralte immer und immer wiederkehrende Fruchtwasser der Wiedergeburten bringt und schwemmt mir da eine Botschaft, einen Schmerz mit nach oben. Ich spüre ihn in meinen Kiefergelenken. Sie tun auf einmal weh. Wie lange beiße ich mir in meinem Leben so auf die

Zähne, dass es wehtut? Oder ist es gar kein richtiger Schmerz, sondern eine Art Glück, wenn das tiefe Wasser auf Versteinerungen trifft? Sind das Tränen des Glücks? Tränen sind in ihrer Botschaft so schwer zu fassen. Sie bringen immer beides mit sich, Glück und Schmerz. Was überwiegt hier? Was ist die erste dringende Botschaft? Tränen erzählen von Trauer und Sehnsucht und Glück. Tränen mit nur einer Botschaft gibt es nicht.

Ich habe auf einmal da vorne mutterseelensolo in einer übervollen Kirche das trauerwohlige Gefühl, als ob ich endlich nach langen Jahren oder vielen Bemühungen irgendwo angekommen wäre. Es ist kein großes fernes Ziel, das ich da erreiche. Es ist eher wie nach Hause kommen. Eben habe ich dieses Liebesgedicht von Ringelnatz an den fernen toten Vater zu Ende gelesen. Und in der Stille, als die letzten Worte des Gedichts langsam in der Dunkelheit der Kirche verschwanden, da kamen mir die Tränen. Die Worte nahmen mich offenbar mit wie ein Strom und setzten mich dort wieder ab, wo ich vor dreißig Jahren schon einmal war. Die Worte machten mich zu einem Jungen, der eben seinen Vater verloren hatte – auch wenn ich damals gar kein »kleiner Junge« mehr war.

Es ist jetzt so still in der Kirche wie damals auf dem Friedhof, so still wie bei den vielen Trauerzeremonien im Pfarramt, so still, dass man nur das Seufzen, das Suchen nach Taschentüchern und da und dort ein heimliches Schnäuzen hört. Also bin ich nicht allein mit meinen Tränen. Wir sind offenbar in diesem Augenblick eine Gemeinschaft von vielen vaterlosen Kindern geworden. Und so gingen in dieser Nacht die Schleusentore unserer Seele auf, fluteten unseren Geist und führten unsere Väter aus dem Totenreich in diese Mitternachtskirche. Willkommen, ihr geliebten fernen toten Väter! Willkommen in diesem altehrwürdigen Gemäuer. Dies ist immer schon ein Haus der Gemeinschaft der Lebenden und der Toten gewesen! Es ist ein Torhaus zwischen dieser und der anderen Welt. Willkommen auch du, mein lieber längst verstorbener Vater Max Helmut Fliege! Willkommen im Herzen deines Sohnes. Bilder tauchen auf. Schmerzvoll! Liebevoll!

Vor bald dreißig Jahren ist mein Vater an einem heißen Sommertag im Juni gestorben. Als wir Kinder nach der Beerdigung noch in seinem geliebten Garten unsere Tränen abwischten, sang am klarblauen Himmel über uns im Pflaumenbaum, den mein Vater pflanzte, eine Amsel ihr Lied. Wir Kinder und Enkelkinder und auch unsere Mutter schwiegen und lauschten dem Gesang des Vogels. Dieser Abgesang war das Letzte, was ich von meinem Vater spürbar wahrnahm. Was sucht er jetzt in der Christmette bei mir? Wer hat ihn geschickt – oder habe ich ihn gerufen? Kann man die Toten rufen? Was ist los in dieser Nacht? Es ist genau wie damals in der Kindheit, als Vater wie all die Jahre wieder einmal heimlich ins Weihnachtszimmer geschlichen war, um drinnen das kleine Glöckchen zu läuten und umgeben von Geschenken mitten im Weihnachtszimmer zu stehen, um uns, seine Kinder, zu beschenken. Plötzlich, wie aus dem Nichts oder aus dem Himmel tauchte er auf. Er war beim Christkind, hieß es damals. Und jetzt, in dieser Nacht, kommt er wieder aus dem Dunkel, aus weiter Ferne ganz nah. War er wieder beim Christkind?

Weihnachten, geht es mir durch den Theologenkopf, da feiert die Welt, dass Gott, der Vater, nahe ist. Andere dozieren, dass es das Fest der Gottesgeburt in unseren Herzen sei. Ich kaue auf diesen alten, verdichteten Sätzen herum und merke, dass sie langsam Geschmack abgeben. Ich verstehe zum ersten Mal! Mein Vater ist da! Mein Gott der frühen Jahre ist da, nicht sichtbar, wiedergeboren in meinem Herzen. Es kann Weihnachten werden. Stille Nacht, heilige Nacht, alles schläft, einsam wachen wir, dass es endlich passiert.

Wie viele Jahre habe ich schon Weihnachten gefeiert? Ungefähr sechzigmal! Aber nie war es so wie jetzt, so voller Tränen des Glücks. Mein Vater ist da! Nach über zwanzig, bald dreißig Jahren ist mein Vater da! Er ist zurückgekehrt oder ich bin zu ihm gegangen! Mein Vater ist da, lasst uns ein Fest feiern und die schönsten Gewänder anlegen, denn siehe, der, den ich verloren glaubte, lebt! Es gibt eben nicht nur biblische verlorene Söhne. Es gibt auch ebenso biblische verlorene Väter, weil es eben verlorene Söhne gibt! Möchte das jemand wissen in der Heiligen Nacht?

Oh, du Heilige Nacht! Du bist so ganz anders als all die anderen stillen Nächte des ganzen Jahres. Du vermagst etwas ganz anderes. Das waren vielleicht auch sonst stille, tiefe Abende in all den Jahren wie in diesem eben vergehenden. Sonnenuntergänge abends an einem See, allein an einem Feuer, ein aufziehender Mond, am Meer, mit einem Glas Wein oder ein zärtlicher Abend für zwei. Aber das ist nicht »Stille Nacht«. Eine stille Nacht ist noch lange nicht heilig. Stille Nacht ist anders!

Die Heilige Nacht nutzt der Seele wie ein sonst verschlossenes Zeitfenster. Es ist ihr Slot, ihr Schlupfloch, um aus allen Verirrungen und Verdrängungen und Tiefen und Verlorenheiten nach oben zu kommen. Im Schutz dieser Nacht traut sie sich unter Tränen aus dem Keller der Verdrängung nach oben ins Bewusstsein. Und sie ist nicht allein. Sie bringt meinen Vater mit und sicher auch die Mutter. Und erst mit ihnen und meinen Geschwistern scheint meine Seele vollkommen zu sein, ganz und heil.

Die Stille Nacht ist das große Lauschen auf das Kommen und die Anwesenheit Gottes. Es ist das Stillen der größten und stillsten aller Sehnsüchte. Es ist die Liebe zum Vater. Da wandert man hinaus aus seinen engen Herzensmauern bis hinaus ins freie Feld und schaut nach den Sternen und sucht am äußersten Rand des Weltenmeeres der Sterne und Galaxien nach irgendetwas – nach etwas Nahem, Bekanntem, Abhandengekommenem. Und dann lauscht man und wartet, als wenn man in dieser Nacht verabredet wäre. Jedes Jahr in dieser Nacht! Vielleicht sind wir es wirklich? Papa, can you hear me?

Weihnachten reist die Seele zugleich aber auch rückwärts. Das kann nur sie. Tief, tief nach innen geht es, in die eigenen Kinderstuben hinein, um nachzuschauen, ob es noch da ist, das Christkind der ersten Jahre, das alle Sehnsucht stillen konnte. Sind wir mit ihm genauso verabredet, das Kind im Manne und in der Frau? Ob es noch da ist nach 364 Tagen eines langen Jahres oder nach einem halben unerfüllten oder auch nach einem ganzen verlorenen Leben? Ob er mir oder dir noch irgendwie entgegenkommt, der unbekannte Gott und Vater? So wie er im Neuen Testament seinem Sohn entgegenläuft mit weit ausgebreiteten Armen? Bereit, sein Kind in seine Arme zu nehmen und es zu bergen und zu schützen. Die Stille Nacht ist eine alle Sehnsucht stillende Nacht! Und weiter geht es in die erste Kinderstube überhaupt, in die Mutter, in ihren Schoß, in ihren Schmerz und ihre Freude über mich! Mama, can you hear me?

Weihnachten ist eine Nacht für alle lang verlorenen Söhne und Töchter auf Erden. Es ist die Nacht der Versöhnung, in der wir als Kinder unseren Vätern und Müttern noch einmal aus dem Schoß und auf den Schoß kriechen. Das wird nie enden. Da erzählt meine erwachsene Tochter mir, dass sie Weihnachten unbedingt in »unsere« alte Kirche gehen wird. Da wird sie ihre alten Freunde treffen und mit ihnen gemeinsam die Kindheit hochleben lassen, und Jahre später wird sie tiefer in ihre Erinnerung hinabsteigen und ihre Mutter sehen und mich, ihren Vater. Es wird nie enden. Versöhnung liegt in der

Luft. Versöhnung ist der Duft des Festes. Es ist deutlich zu spüren. Es ist eine heilige Stille in der Nacht.

Als Ringelnatz sein Gedicht schrieb, da wird seine Sehnsucht ganz sicher auch seinen verstorbenen, fernen Vater gerufen und geholt haben. Ich kenne das Verhältnis der beiden nur aus diesem Text. Aber ein Nachruf ist eben nicht nur ein Abschiedswort. Er ruft dem Scheidenden, der sich gerade abgewendet hat, etwas nach, was ihn an einer sehr verletzlichen Stelle trifft, nämlich in den Rücken. Genau dahin trifft ein warmer Liebesstrahl. Er wird liebevoll binden in Ewigkeit. »Wir werden wie zwei Wellen uns umschlingen. / Was uns durch Alter trennte, was versäumt / War, würde groß und unbefangen schwingen.«

Aber jetzt, in dieser Nacht, ruft die Resonanz in den Herzen der Gemeinde nicht nur Vater Fliege und Vater Ringelnatz. Alle Väter aller Anwesenden sind wohl auf einmal auch da. Und wo einer zu fehlen scheint in dieser Nacht, da schmerzt die Wunde, als ob sie einen baldigen Wetterumschwung ankündigen wollte. Die Väter sind in dieser Nacht bei ihren Kindern – die Väter auf Erden, wo auch immer sie sich gerade herumtreiben, genauso wie die verstorbenen und vorausgegangenen Väter im Himmel. All die hier von anderen Menschen für tot erklärten Väter sind da und suchen und besuchen ihre Kinder. Und die von den Kindern tot geglaubten Väter sind auch da. Und über und mit allen ist der totgepredigte Himmelsvater wohl auch da. Ja, der Vater aller Väter ist auch da! Er sieht uns schon kommen. Er sieht, wie wir unsere Väter in unsere Herzen aufnehmen und sie uns. Alles braucht seine Zeit. Wir brauchen unsere Zeit für solche Versöhnung und Verväterung wie eben alle Liebe und alle Trauer ihre Zeit brauchen. Omnia tempus habent! Alles hat seine Zeit. Vielleicht kommt sie erst, wenn wir spürbar auf dem Heimweg sind. Versöhnungen sind Heimwege.

Jeder Vater jedes einzelnen Menschen in der dunklen Kirche ist da und strömt in das Herz seines Kindes. Und dann, aus dem Verborgenen, wird endlich spürbar, dass auch »unser Vater im Himmel, geheiligt werde sein Name« unsichtbar, aber ebenso spürbar wie die leiblichen Väter kommt und da ist. »Gott ist gegenwärtig. Alles in uns schweige und sich innigst vor ihm beuge«, heißt es bei Gerhard Tersteegen. Als ob er die toten Väter heraufgeführt oder angeführt hätte zum großen Versöhnungsfest, zu seinem Jom Kippur.

Die Liebe wirkt nicht nur in Bibeltexten Wunder. »Ach steh noch einmal auf, du toter Papa!« Am Anfang war nur das Wort von Ringelnatz. Doch sein Wort wurde Fleisch und wohnte in dieser Nacht in meinem Herzen. Das Wort wirkt aus einer anderen Wirklichkeit. Aber dass es wirkt, liegt wohl auch an der Tages- oder besser Nachtzeit. Wann redet man mit dem unsichtbaren Vater? Wann ist er einem nah? Wenn er schon im Schattenreich ist? Dann ist der Abend die rechte Zeit. Vielleicht gehört auch die dunkle Nacht dazu, damit er wirken kann. Gleich und Gleich gesellt sich gern. Das Wort allein »bringt« es jedenfalls nicht. »Accedit verbum ad elementum, et fit sacramentum«, lehrt die alte, schweinsledergebundene Dogmatik des Christentums: Das Wort braucht Erdung, es braucht Elemente, Stimmungen. Das Wort braucht, neudeutsch gesprochen, ein Setting, eine Inszenierung. Dann wirkt es heilig. Spürbar! Hörbar! Sichtbar! Das Wort wurde Fleisch in dieser Nacht.

Genau darum senken sich die Köpfe vieler Menschen nach unten. So als wenn sie im Dunkeln der Kirche den fernen Vater irgendwo unten wahrnähmen. »Ach steh noch einmal auf, du toter Papa!« Um Auferstehungen wahrzunehmen, schaut die Seele zur Erde, aufs Grab. Später, beim Schlusschoral »O du fröhliche« schauen sie oft nach oben, von wo der Retter und die Engel kommen.

Wie oft habe ich, haben sicher viele die Erfahrung gemacht: Der bepredigte Kultgott, der uns in dieser Nacht seinen eingeborenen Sohn und so weiter und so fort und so üblich und oft so überdrüssig, schenkt, er war nicht da. Der menschgewordene Gott, der uns eigentlich so nah wie nie kommen sollte, war gar nicht da. Er war weit weg von meinen Gedanken und der Liebe meines Herzens. Da war meine Kinderseele, solange sie Kirchen besucht, immer schon wortlos bockig gewesen: Da war kein Gott in dieser Nacht! Da war nur Nacht und eine merkwürdige, vom Kind nicht geteilte Meinung der Erwachsenen, dass ER da sei. Und ich stand da und stehe noch heute da wie das Kind aus dem Märchen von des Kaisers neuen Kleidern und kann nur sagen: »Die Kirche hat ja keinen Gott.« Ich spürte nichts! Da war nichts, was ich über alle Dinge fürchten und lieben konnte. Wenn da überhaupt etwas zum Fürchten und Lieben war, dann war das mein Vater. Der saß mit seiner ganzen Familie und zwei Kindermädchen in einer Reihe auf der Empore in der lutherischen Kirche und sang, laut und inbrünstig.

Der Vater im Himmel mit seiner großen Liebe war noch weit. Ihm nahe zu sein und sich von ihm lieben zu lassen, würde noch etwas dauern. Aber ich war sicher, es würde uns in dieser Nacht gelingen. So oft werden Gottesbegegnungen von Priestern beschworen. Und wie oft sind es Beschwörungen am toten Wort. Als ob er im gepredigten Wort, in einem einfachen Stück Neuen Testaments, einfach so leibhaftig wäre! Er ist es nicht! Es ist oft genug nur ein Wortritual, das Heimat vorgaukelt, weil es heimatlich und bekannt klingt und von Vätern und Müttern des Glaubens über Jahrhunderte gesprochen wurde. Es ist religiöse Folklore. Wie ein aus den Mündern gesponnener Seidenkokon legt es sich um die Gläubigen und gaukelt Schutz und Heimat vor. Doch das ist fleisch- und fruchtlose Spiritualität. Zum lebendigen Wort gehört das Element. Der Geist braucht die Materie. Und der Menschengeist braucht Erfahrung und Erdung.

Wir würden in dieser Nacht einen anderen Weg einschlagen. Es würde ein wenig bepredigter Weg sein, auf dem wir den Stern von Bethlehem vom Himmel herunterholen wollen. Es würde eher ein Weg der Gotteserfahrungen werden, der hier unten anfängt, vor unseren Füßen und in unseren Herzen. Hic Rhodos, hic salta! Hier, an dieser Stelle, an diesem Ort, in dieser Nacht, kommt es darauf an. Zuerst die Gottesspuren, dann die Gottesbegegnung! Und dann das Gotteslob und dann der Jubel, den es immer gibt, wenn Befreiung stattfindet! Zuerst die Gottesspuren in jedem Leben! Dann die Gottesbegegnungen aller!

Wir würden in dieser Nacht nun den irdischen Weg zu Gott gehen. Und der ist einfach zu finden und für jeden zu gehen. Wer dem Vater aller Väter begegnen will, der muss notgedrungen an seinem leiblichen Vater vorbei. Doch das ist nicht immer leicht. Oft ist es der mühseligste Weg aller Wege. Voller Steine, voller Bitterkeit, voller Tränen, voller Angst, Furcht und Zittern. Aber einen anderen Weg auf Erden gibt es nicht. Die Versöhnung mit dem leiblichen Vater ist die große Übung für die Versöhnung mit dem Leben selbst. Ohne sie erleben wir nicht die Weite des Glücks. In unseren Kirchen erzählen wir oft nur davon wie die Blinden von der Farbe.

Heute, in dieser Nacht würden wir also den Versöhnungsweg wählen, der über den eigenen leiblichen Vater und die leibliche Mutter zu Gott führt. Ohne Vater und Mutter wären wir nämlich genauso wenig existent wie ohne den Schöpfer aller Väter und Mütter. Wenn wir den gepredigten und geglaubten Vater im Himmel für Momente aus den Augen und aus dem Herzen verlieren, um ihn nach einer Begegnung mit dem leiblichen Vater ganz neu und tief ins Auge zu fassen, dann würde er sich zeigen, spürbar, erlebbar. Es würde dann erst »Stille Nacht« werden. Irgendetwas muss sich doch Jesus gedacht haben, als er als tiefste Gotteserfahrung die Erfahrung des Kindseins an die erste Stelle seiner »Theologie« der Gotteserfahrungen setzte. Zuerst der Abba, der »Papa«, dann erst das Heilige, dann die Ordnung, dann die Kraft, das Brot und die Schuld und die Vergebung! Zuerst der Vater! Er ist das Tor zum Himmel. Er ist die Kraft und die Herrlichkeit in Ewigkeit. Amen!

Wir müssten nur einfach seine Kinder sein. Jeder Mann und jede Frau hier in der Kirche müsste nur wieder erst einmal Kind sein. Jeder ein Gottessohn, jede eine Gottestochter! Das klingt so einfach und ist so schwer. Denn wir sind voll von großen Gefühlen mit großen gut klingenden Namen, die sich über den unfähigen Vater hermachen, um ihn nach unserem Maß zu richten. Das Ende von diesem Lied ist immer dasselbe: Der Vater ist nicht mehr Vater und wir nicht mehr Kinder. Wir sind eine vaterlose Gesellschaft, unfähig zu trauern.

2. Papa, hilf!

Wir kommen weit her
liebes Kind
und müssen weit gehen
keine angst
alle sind bei dir
die vor dir waren
deine Mutter, dein Vater
und alle, die vor dir waren
weit, weit zurück
alle sind bei dir
keine angst
wir kommen weit her
und müssen weit gehen
liebes Kind

Heinrich Böll

Erst, wenn man wieder ein Kind geworden ist, kommt der Vater. Das habe ich gelernt. Der Himmelsvater ist da nicht anders als alle Väter. Er kommt so, wie die leiblichen Väter auch kommen. Er kommt, wenn die Kinder, sie mögen so fern sein wie sie wollen, mit ihrer Seelenkraft nach ihm rufen. Ich denke da an die Traumgeschichte eines Vaters aus dem Fränkischen. Eigentlich kein Träumer. Soweit ich mich erinnere, war er Anwalt.

Vor ein paar Jahren war sein Sohn in einem weißen Leihwagen in Australien unterwegs. Fernab der Zivilisation, im sogenannten Outback, verunglückte er und wäre um ein Haar ums Leben gekommen. In den Weiten des Kontinents war die Wahrscheinlichkeit gering, dass man ihn auf dieser einsamen Straße rechtzeitig finden und bergen kann. In den lokalen Polizeiakten ist später genau festgehalten worden, wann sein Auto sich überschlug. Da war es im fernen Deutschland zwei Uhr in der Nacht. Da schlief der Vater des jungen Deutschen unruhig. Er hatte einen Traum, der sich jetzt zu einem Albtraum wandelte. Ihm träumte, dass sein Sohn in einem weißen Fahrzeug eben in diesem Augenblick verunglückte und dass sein Leben in Gefahr war. Der Vater wachte auf. Er war äußerst beunruhigt. Die Bilder des Traumes verschwammen nicht. Da war eine Straße. Und da war ansonsten weit und breit nichts. Australien eben, Down Under, wie man es mit seinen endlosen Straßen kennt. Und da war ein weißes Auto, das jetzt zertrümmert im Straßengraben lag. Roter aufgewirbelter Staub. Und da war sein Sohn. Eingeklemmt im Wrack.

Und der kam nicht raus. Er war unfähig sich selbst zu befreien. Er war in tödlicher Gefahr. Es war alles ganz deutlich. Der Junge rief ihn! »Papa!« Was sollte er mit diesen Bildern anfangen?

»Papa, Mama!« Wie viele junge Soldaten in den Schützengräben dieser Welt haben in der Stunde ihrer Todesangst so ihre Mütter und Väter gerufen? Und die Zahl der Mütter und Väter, die in dieser Stunde meinten, etwas gehört oder im Traum sogar gesehen zu haben, ist unzählbar.

Der Vater aus der Würzburger Gegend ging also in seiner Unruhe ans Telefon, um seinen Sohn zu erreichen. Wie spät ist es jetzt in Australien, wenn es in Deutschland mitten in der Nacht ist? Da ist es hell! Da scheint die Sonne. Da müsste der Sohn das Klingeln hören und ans Telefon gehen. Und als der Vater ihn nicht erreichte, ließ sich die Wahrheit des Traumes nicht länger vertreiben. Und er setzte hier, am anderen Ende der Welt, Himmel und Hölle in Bewegung, um nach seinem Sohn zu suchen.

»Papa!« – »Ich komme! Halt aus!«

Und vom fernen Deutschland aus gerufen, setzt sich die Polizei in Bewegung, um nach einem weißen Wagen zu suchen. Ist es ein Wunder, dass sie ihn fanden?

»Papa!« – »Ich komme! Halt aus!« Dazu kann man auch die Geschichte erzählen, die am 21. Mai 2006 in Hamburg passierte. Tausende von Menschen waren Zeuge, live und an den Bildschirmen. Ich sehe heute noch Johann Traber senior über den Platz in Hamburg laufen. Er ist der Chef der weltbekannten Traber-Hochseiltruppe, die in der Hafenstadt gastiert. Oben auf dem schwankenden Mast in 50 Meter Höhe zeigt sein Sohn Johann, gerade 22 Jahre alt, was er kann. Da knickt der Mast und der Junge stürzt ab. Mehr als 15 Meter tief stürzt er, schlägt mit voller Wucht gegen den Hauptmast.

Wie tot bleibt der Sohn in dem Sicherheitsgurt hängen. Kann er überhaupt noch »Papa« rufen? Ich weiß es nicht. Ich weiß nur, was sein Vater sagt, als er den Gittermast so weit nach oben geklettert ist, dass er seinen Sohn erreichen kann. Er sagt ihm: »Papa ist da! Halt aus!« Und dann betet der Vater mit dem zu sterben drohenden Sohn in seinem Arm. Die entsetzte Menge unter sich. Er betet eine Ewigkeit lang. Die ewige zeitlose Seele kann nicht zählen. Es sind neun Minuten. Neun Minuten lang Rufe zum Vater im Himmel. Gebet zwischen Himmel und Erde, symbolischer und inbrünstiger geht es nicht. Dem Himmel näher als der Erde. Er betet, dass der Vater im Himmel auch kommen soll! Da wird der betende Vater zum Sohn und Gotteskind und ruft neun Minuten lang flehend den Vater aller Väter um Hilfe. Und der Vater kommt und ist da.

Es ist mehr als bloße Gefühlsduselei, wenn ein leiblicher Vater seinem Kind über Zeit und Raum hinweg zur Hilfe eilen kann. Oder mit einem einzigen Satz alle Durchhaltekräfte der Welt mobilisieren kann: »Papa ist da!« Und wenn der Vater da ist, wer wird wider uns sein? Und dann ist es auch nicht nur weihnachtliche Gefühlsduselei, wenn wir in der Weihnachtskirche sitzen, weil wir in dieser Nacht uns aufgemacht haben, um über Zeit und Raum hinweg unserem Himmelsvater nahe zu sein.

»Vater, Papa, Abba im Himmel!« – »Ich komme! Halt aus! Und wenn du durch Feuer musst, sollst du nicht verbrennen, und wenn du durchs Wasser musst, sollst du nicht ertrinken! Halt aus! Ich komme.« So jedenfalls antwortet der Vatergott dem Propheten Jesaja. Und so wird er zu jedem neuen Jahresanfang auch in der jüdischen Gebetstradition des Neujahrsgebets beschworen und bezeugt. In der Heiligen Nacht aber warten wir nicht länger, dass er zu uns kommt. Da reisen wir ihm entgegen. Und das ganz sinnlich, körperlich, real. An

Weihnachten hat die Sehnsucht Saison. Da reisen unsere Seelen rückwärts. Da geht die Reise nach Hause. Mag die organisierte Religiosität noch so bröckeln: An Weihnachten sind die Heimwege verstopft von Heimreisenden. Wie die Vögel und Fische, die Störche und Lachse begibt sich der Mitteleuropäer auf eine spirituelle Reise nach Hause. Er folgt dem Gesetz der Natur. Er sehnt sich dorthin und seine Nase sucht nach den ersten Gerüchen, nach Zimt oder Tannengrün. Seine Zunge nach Kartoffelsalat und Frankfurter Würstchen, nach Karpfen oder Glühwein. Nach Plätzchen und Lebkuchen. Seine Augen suchen nach Weihnachtsbäumen, die genauso aussehen wie die Bäume zu Hause. Es geht in die Kindheit. Je tiefer, desto besser.

Und von dort aus geht es noch weiter nach Hause, noch weiter nach innen. Es geht in die Weihnachtsstube, in die Zeit der Wunschzettel und Geheimnisse, in die Zeit der Geschenke, die man niemals vergaß. Und nicht einmal da ist die Reise der Seele zu Ende. Jetzt geht es über die Geschenke hinaus zu den Schenkenden, zu den Eltern, zu Mutter und Vater. Zuerst zur Mutter, denn die ist neun Monate näher bei dem Kind. Das Kind sucht die Mutter. Das Teil sucht das Ganze. Zu Hause sind wir erst auf Mutters Schoß. Auf ihrem Schoß tritt der Vater zurück, schaut wie ein Josef auf die Mutter mit ihrem Kind. Er ist der Mann im Hintergrund, fast vergessen und doch ist er da. Er wird noch warten müssen, bis wir ihn in unser Herz nehmen können. Unser Leben lang werden wir uns erst der Mutter zuwenden, wenn wir dem Vater begegnen wollen. Wir werden uns auf die Mutter Erde legen wie Jesus in Gethsemane und in der Mutternähe nach IHM, dem Vater, rufen.

Nirgendwo sonst haben auch Protestanten ein so großes und inniges Verständnis dafür, dass Maria nicht nur ein etwa fünfzehnjähriges Mädchen mit ihrem genialen Erstgeborenen ist, sondern die Mutter Jesu von Nazareth, den viele den Sohn Gottes nennen werden. Nirgendwo sonst kommt Mutter Maria auch in evangelischen Liturgien und Gesängen und Seelen so prominent vor, wird sie so verehrt wie in dieser Nacht.

Wir verneigen uns vor der Mutter. Wir verneigen uns vor der Erde, knien nieder, schauen sie an, berühren sie und rufen doch den Himmel. Unten ist oben und oben ist unten. Unsere Seelen haben nie an jene Physik der Antike geglaubt, die besagt, dass der Himmel oben ist und die Erde unten. Unsere Seelen waren im wahrsten Sinne des Wortes immer schon Anhänger einer planetarischen Theorie, die sich in jeder Zelle, in jedem Atom und in den subatomaren Welten wiederholt. Unsere Seele kennt den Weg, der durch Leiden zum Lieben führt. Zum Vater kommen wir über die Mutter. Zum Himmel kommen wir über die Zuwendung zur Erde. Und so gehen wir nach allen Riten und Geschenken, nach allem Mutterschoß und Weihnachtspunsch gerne hinaus in die Nacht, um Ausschau zu halten nach dem Vater. Ach wenn er nur käme und Antworten mitbrächte auf all unsere Fragen.

Und warum kommt der Vater nicht auch sonst, wenn man ihn ruft? Warum muss es erst Weihnachten werden, damit er kommt? Vielleicht liegt es nicht an der Jahreszeit und am Fest; vielleicht liegt es an der seelischen Verfassung, dass er erst in der Stillen Nacht in das Herz seiner Kinder kommt, die sich sonst, das Jahr und die ganzen Jahre über, wenig kindlich geben, weil sie die Welt ja im Griff haben?

Ich war damals vor dem Altar in der Weihnachtsnacht ganz sicher und bin es noch heute, dass Gott sich finden lässt. Schließlich kamen die Menschen auch in dieser besonderen Nacht nicht in die Kirche, um ihren Pelzmantel zu zeigen. Das war vielleicht einmal. Und nicht einmal das glaube ich. Es ist ein böses Geschwätz und unterschätzt die Sehnsucht der

Menschen nach göttlich-väterlich-mütterlicher Liebe. Sie kommen auch nicht in erster Linie zum Sehen und Gesehen-Werden. Es ist eher die gute Folge, wenn man einen gemeinsamen Vater hat, dass man folgerichtig auch Bruder unter Brüdern und Schwester unter Schwestern ist. Die Menschen kommen in die Kirche, um in der Tiefe ihres Herzens ihrem Gottvater zu begegnen. Und auch hier geht die Annäherung an den Vater oft über die Mutter. Vor den Marienaltären brennen die Herzen.

Die Menschen kommen, um ihren unsichtbaren Vater zu besuchen. Sie kommen, um ihrem Ursprung Tribut zu zollen. Sie kommen, um dem eigentlichen Leben wenigstens in dieser Nacht nahe zu sein. Sie kommen, um sich zu versichern. Sie kommen, um sich trösten zu lassen. Sie kommen, um wieder Grund unter die Füße zu bekommen. Sie kommen, um sich segnen zu lassen. »Ihr Kinderlein kommet.« Und die Kinder kommen. Sie kommen Weihnachten, immer wieder und mehr denn je. Es ist ein großer Hunger im Land nach gottväterlicher Liebe. Und es liegt nicht nur daran, dass die eigenen leiblichen Väter uns nicht genug geliebt hätten. Die Menschen kommen, um sich von ihrem gemeinsamen Vater mit offenen Armen und Herzen lieben zu lassen.

Vor Jahren hatte ich den ersten leichtsinnigen Schritt getan, solche sehnsüchtigen Begegnungen mit dem Himmelsvater gleichsam zu inszenieren und wie in einem Rollenspiel erlebbar zu machen. Ich war damals zu einem Heilungsgottesdienst ins Schwäbische eingeladen worden. Es war eine sogenannte Thomasmesse »für Zweifler und andere gute Christen« in einer katholischen Kirche in der Nähe von Stuttgart. In einer Thomasmesse ist es üblich, dass ein oder mehrere kleine Kreise von engagierten Christinnen und Christen die Gottesdienstbesucher in kleinen Zeremonien individuell segnen. Die Gläubigen kommen gegen Ende der Messe nach vorne oder in die versteckten Nischen der Kirche, setzen sich nieder oder knien. Und die anderen zwei, drei Mitchristen legen ihnen ihre Hand auf und segnen sie. Manchmal tupfen sie ihnen einen Tropfen Öl auf ihre Stirn und »salben« sie wie bei einer Krankensalbung. Manchmal zeichnen sie ihnen zärtlich ein Kreuz auf die Stirn. Ob da nun auf einmal Blinde sehen und Lahme gehen, weiß ich nicht. Ich weiß nur, dass es ungemein tröstet und dass da Tränen fließen, Blockaden sich lösen, Ergriffenheit, Rührung und Berührung passieren. Und oft genug ist solche Bewegung des Gemüts der eigentliche Grund eines Wunders. Wer tief die Seele berührt, wird sich an Wunder gewöhnen müssen.

Was sonst steckt denn hinter der modernen Forschung über Placebo-Effekte in der Medizin? Was wirkt da in unserem Unterbewusstsein? Es ist eben nicht allein die Chemie oder die Physik, Ernährung, Bewegung, frische Luft und frisches Wasser. Es sind Bilder, »Einbildung«, Zuwendung und eine plausible Spiritualität. Das sind die Muster, nach denen offenbar Heilung funktioniert. Bei Depressionen und all den anderen Krankheiten und Gekränktheiten der Seele muss gar kein Medikament genommen werden, um lindernde oder gar heilende Effekte zu erzielen. Bei Operationen des Körpers muss manchmal nur das Skalpell sichtbare Spuren hinterlassen haben und sonst gar nicht tiefer eingesetzt worden sein, um dennoch heilende Wirkung hervorgerufen zu haben. Hauptsache, der Patient ist davon überzeugt, dass ihm nach für ihn plausiblen Methoden geholfen worden ist. Plausibilität ist das wirksamste Placebo. Eine Operation ist in unseren Breiten das stärkste Placebo, weil wir in einer technischen Gesellschaft leben. Andernorts wird das ganze Dorf zusammengerufen, weil

Krankheit und Gesundheit kollektiv erlebt werden. Und da und dort inszeniert der Schamane mit einem Kirschkern, den er scheinbar aus dem kranken Leib saugt, Heilung. Man fühlt sich dort wie hier daran erinnert, dass Medizin, Theologie und Theater in der antiken griechischen Welt eins waren. Heilung war immer auch Inszenierung. Das Unbewusste musste in Bildern aufgeführt werden, um als heilende Signatur in der Tiefe der Seele und des Gemüts die Selbstheilungskräfte zu wecken. Das war wohl schon Jesu Wissen. Er heilt mit Geschichten. Er heilt mit Bildern. Er heilt mit »Fetischen«, mit konkreten Hilfsmitteln wie Spucke und Erde. Er heilt am Ende mit Worten. Mit nur einem Wort: Vater! Das ist sein Weg.

Jesus legt die Hand auf. Und es übertragen sich offenbar Kräfte auf eine unruhige Menschenseele. Wie eine alles wissende Mutter nimmt er sich der Menschen an, die sich ihm anvertrauen, um geheilt zu werden. Wie eine Mutter, die sich zu ihrem unruhigen Kind legt, bis ihre Herzen im gleichen Rhythmus schlagen, bis es Ruhe findet und schläft! Er legt seine heilende Hand auf, spricht ein heilendes Wort und führt die Kranken in die Ordnung zurück, die allein Heil bringt. Und sein Heil ist es, sich als Kind des großen namenlosen Vaters zu empfinden und sich wieder »einzunorden«. Die Schwingung des Vaters heilt.

Jesus, der sich als Kind Gottes sah und erlebte, ist der große Lehrer der unruhigen und kranken Seelen. Es geht nicht um Opfer, nicht um Brandopfer und Weihrauch, schon gar nicht um Menschenopfer! Es geht nicht um Schuld und es geht nicht um Blut. Es geht nicht um Erkenntnis und Selbsterkenntnis. Es geht nur um die Liebe zwischen Vater und Kind, Kind und Vater. Nur wer sich als Kind Gottes spürt und zum Vater geht, geht den richtigen Weg. Mehr nicht! Aber auch nicht weniger. Sein Wort ist einfach.

Aber ist es nur das, was unsere tiefste Sehnsucht ist? Dass jemand uns die Hand auflegt und uns zur Ruhe bringt? Wollen wir nicht mehr von einem Vater, der uns liebt und in sein Herz schließt? Was will denn der verlorene Sohn aus dem Neuen Testament? Er will zum Vater. Und was macht der Vater? Legt der ihm vielleicht die Hand auf oder lässt er sich distanziert den Ring küssen? Nein, das machen nur die eingebildeten Väter, die Patres und Pfarrer, die dem Fleisch nicht mehr trauen und sich mit ihren Gefühlen in ihre Sakristei des Kopfes und der Macht zurückgezogen haben, weit, weit hinter ihr eigenes Herz. Die lassen küssen und wundern sich, wenn vielen von ihnen in dieser Gefühlswüste eines Tages die über Jahrhunderte unterdrückten Sinne durchgehen und sie in der Kriminalstatistik ungezügelter Gefühle und Triebe einen breiten Raum einnehmen. In den Arm nehmen und sich in den Arm nehmen lassen, lieben und sich lieben lassen, das tun sie nicht. Ein liebender Vater aber nimmt den verlorenen Sohn in den Arm, führt ihn in die Öffentlichkeit und bekennt sich stolz zu ihm: Dies ist mein lieber Sohn, an dem ich Wohlgefallen habe. Er war verloren. Aber er hat den Weg wiedergefunden!

Was würde denn geschehen, wenn wir in der altehrwürdigen schwäbischen Kirche allen Gläubigen in der Thomasmesse anböten, sie inmitten des Gottesdienstes in der Nähe des Altars in den Arm zu nehmen? Stellvertretend für Vater und Mutter. Stellvertretend für Gottvater! Schließlich sind die Thomasmessenbesucher an die Segnungen schon gewöhnt und schrecken nicht gleich zurück, wenn jemand berührt und gerührt weint und die Tränen fließen. Wenn wir sie einladen, einzeln nach vorn zu kommen, und ich würde sie an Gottes oder ihres Vaters Stelle in den Arm nehmen? Ginge das? Ist das ein Übertritt über Schamgrenzen? Oder würden sie vielleicht nur nach vorn kommen, um von einem prominenten

Fernsehpastor in den Arm genommen zu werden, was dann unbedingt auch im Foto festgehalten werden sollte? Sicher, solche Besucher würde es geben. Stichwort: Frauen und der Dornenvögelpfarrer! Aber soll und kann uns das hindern? Ich denke da an die Inderin Amma, die auch »the hugging saint«, die umarmende Heilige, genannt wird. Millionen von Umarmungen hat sie inzwischen verschenkt. Sie zieht um die ganze Welt, um in ihren Gottesdiensten nichts anderes zu tun, als alle Menschen, die zu ihren Zeremonien kommen, in den Arm zu nehmen wie eine Mutter oder wie ein Vater oder wie ein Tröster jedenfalls. Eben genau so, wie es im Alten Testament schon steht, dass Gott uns tröstet, wie einen seine Mutter tröstet. Gott als Glucke. Was geschähe, wenn wir von der indischen Frau lernen und die Sehnsucht der Menschen stillen würden? Warum beten wir vor Beginn des Gottesdienstes, wenn nicht jeder Gottesdienst ein Abenteuer ist? Wofür brauchen wir Kraft, Mut und Schutz, wenn wir uns nicht verletzlich und angreifbar zeigen? Wir sollten es wagen!

Wie oft habe ich erlebt, dass Kinder jeden Alters genau an dieser Stelle in ihrem Wachstum nicht weiterkamen. Sie sahen sich von ihren Vätern verletzt oder fortgewiesen und warten in der Vaterferne auf einen Vater, der sich bei ihnen entschuldigt. Das ganze Leben ist ein einziges Kinderzimmer, in dem in der Ecke ein Bett steht, auf dem ganz klein und zusammengekauert ein Seelchen sitzt und darauf wartet, dass die Tür sich wieder öffnet, die vor Jahren mit einem lauten Krach zugeschmissen wurde, und dass der Vater hereinkommt und um Verzeihung bittet. Und wenn er nicht kommt und die Geduld des Kindes am Ende ist, dann geht es zwar aus dem Kinderzimmer hinaus, tritt aber den Vater ein Leben lang ans Schienbein, damit er es endlich sieht und liebt und in den Arm nimmt. – Jetzt will ich diesen gordischen Knoten einfach durchschlagen. Und ich biete allen, die da in der alten schwäbischen Kirche sitzen, an, sie zu umarmen.

Ich brauchte vor der Gemeinde dann gar nicht viel erklären. Was den Herzen immer schon klar war, muss ich doch nicht mit großen, weit ausholenden Worten erklären! Die Herzen spürten: »Endlich – darauf haben wir schon immer gewartet! Ich will mich trösten lassen, wie mich eine Mutter trösten würde. Ich will mich in Vaters Arme werfen und wie eine starke Mauer werden sie mich schützen und bergen! Ich will zu meinem Vater gehen.«

Und sie kamen alle! Drei Stunden lang stand ich da vorne neben dem Altar und nahm sie in den Arm. Manchmal nur für Sekunden. Vorsichtig, der Neugier des Herzens noch nicht trauend. Manchmal auch länger, als ob die Wärme über die Haut eine Zeit brauchte, um das Herz zu erreichen. Manchmal mit einer zusätzlichen Geste, wenn meine Hand über den Kopf des erwachsenen Gotteskindes streichelte.

Die krebskranke Frau zum Beispiel, die von ihrem Mann, geduldig in einer langen Schlange wartend, in einem Rollstuhl Zentimeter um Zentimeter nach vorne geschoben wurde. An ihrer Perücke erahnte ich ihr Leiden. Eine rötliche Strähne im Haar, kräftige Farben eines Ponchos und eines Lippenstifts sollten die Not überdecken, besser noch überstrahlen. Sie schaute mich an. Ich ging langsam einen Schritt näher. Sie stützte sich auf die Armlehnen und stand mit der Hilfe ihres Mannes auf. Sie stand auf ihren eigenen Beinen. Ein letztes Mal? Ich weiß es nicht. Es ging mir nur durch den Kopf. Ich nahm sie in den einen Arm und in den anderen Arm ihren Mann. Und wir weinten. Alle drei. Tränen sind auch immer Taufwasser. Sie sind die Botschafter der Seele. Und richtige Täufer machen sich immer nass. Es war abzusehen, dass es mit der Frau nicht mehr lange dauern würde, bis sie vom Vater im

Himmel selber in den Arm genommen würde. So würde es sein. Und unsere Umarmung war nur ein Vorgeschmack des Himmels: »Fürchte dich nicht! Ich habe dich bei deinem Namen gerufen und du hörst mich schon. Du bist mein. Ich habe dich nicht nur irgendwo auf eine fremde Welt gesetzt. Ich hole dich auch wieder ab und nehme dich in meinen Arm.«

»Wir sind noch nicht im Festsaal angelangt, aber wir sind eingeladen. Wir sehen schon die Lichter und hören die Musik.« Das sagte ich ihnen, als sie gehen. Es sind Worte von Ernesto Cardenal, eigentlich für einen ganz anderen Augenblick gedacht. Aber die Augen des Paares leuchteten.

Was ist das für ein magischer Augenblick im Leben von allen Beteiligten, sich in aller Öffentlichkeit von einem Vaterstellvertreter im amtlichen schwarzen Talar in den Arm nehmen zu lassen? Im Studium und Vikariat hatte ich zwar gelernt, dass ich auf der Kanzel an der Stelle Gottes stehe, um Gottes Wort zu verkündigen. Und dass ich mich dafür nicht schämen soll und nicht verrückt werden soll von so viel Amt und Übermut und Anmaßung. Aber dass Gott uns nicht nur mit Worten spürbar bewegt, sondern auch väterliche Arme hat und ein schlagendes Herz, und dass wir stellvertretend alle seine Kinder in den Arm nehmen können, das lehrte man nicht. So als ob unser Gott nur Worte machte! Kleine Kinder auf den Arm nehmen, das geht noch. Das tut Jesus im Markusevangelium. Das ist also erlaubt. Das ist unverfänglich. Aber dass Erwachsene auch Kinder sind und bleiben? Wer nimmt uns eigentlich in den Arm? Kind bleibt doch Kind und Vater bleibt Vater!

Da sind auch die schwulen Zwillinge in fortgeschrittenem Alter mit grauen Bärten und in hellen Anzügen. Sind es überhaupt Zwillinge? Müssen es nicht zwei sich liebende Männer um die sechzig gewesen sein, die sich im Alter immer ähnlicher geworden waren? Sind Zwillinge, die sich sonst so ähnlich sind, auch gemeinsam schwul? Ich weiß es nicht. Ich spekuliere nicht weiter. Ich stehe hier nicht, um mir ein Bild zu machen. Ich bin hier, um zu lieben. Ich nehme sie in den Arm und liebe sie stellvertretend für ihren Vater oder ihre Väter. Stellvertretend für den Vater im Himmel. Ein wunderbares Paar! Gesegnet seien sie und ihre Liebe! Warum hat das einer meiner ehemaligen Konfirmanden nicht erleben dürfen? Sein Vater, ein kräftiger Bergmann, hatte ihn halb totgeschlagen, als er erfuhr, dass sein Sohn schwul war. Jahre später ist der Junge mit dem Auto tödlich verunglückt. Der Junge ist jetzt bei mir und öffnet mein Herz für die Männer.

Und wie nun alle kommen, um sich segnen und drücken zu lassen, ohne Furcht vor dem Himmelsvater, mit allem, was sie bedrückt und freut, da geht mir auf, was sie mit nach vorne bringen und dort lassen. Sie kommen mit allem, was ihr Leben ausmacht, und haben nur eine Hoffnung und eine Bitte: dass der Himmelsvater alles sehen und alles anschauen und alles annehmen möge. Alles! So wie er die Sonne aufgehen lässt über Gut und Böse gleichermaßen. Sie kommen zum Vater, um das Kostbarste zu empfangen, was ein Vater geben kann: den Segen!

3. Erinnerungen

Ich steh vor dir mit leeren Händen, Herr;
fremd wie dein Name sind mir deine Wege.
Seit Menschen leben, rufen sie nach Gott;
mein Los ist Tod, hast du nicht andern Segen?
Bist du der Gott, der Zukunft mir verheißt?
Ich möchte glauben, komm mir doch entgegen.

Huub Osterhuis

Ein paar Jahre später, wieder zu Weihnachten und in der Heiligen Nacht, wollte ich den nächsten Schritt tun. Er würde weniger spektakulär sein als die Umarmungen in der Thomasmesse und vielleicht doch tiefer wirken. Wie tief, das war mir zunächst selbst noch nicht bewusst. Und hier sind wir nun bei der Situation, die ich eingangs, gleich im 1. Kapitel, geschildert habe.

Am Anfang stand wie immer die Frage: Worüber sollte ich predigen? Die vorgeschlagenen biblischen Texte lasse ich genauso auf mich wirken wie alles andere auch. Alles kann Gottes Botschaft beinhalten, die Nachrichten, die Börse, die Katastrophe, das kleine Glück, der Marienkäfer im Winter und der Schmetterling in der Leichenhalle, der jaulende Hund in der Kirche am Sonntag Cantate, alles! Und alles wird vom eigenen Herzen geheiligt und kommt nicht von sich aus heilig daher.

Diesmal etwas lustlos und frustriert darüber, dass mir kein Einfall kam, ging ich an die Auswahl der Lieder. Der Organist kann nicht immer warten, bis dem Pfarrer etwas eiliges Heiliges einfällt. Und dass die Lieder unbedingt zur Predigt passen müssen, daran glaube ich schon seit dreißig Jahren nicht mehr. Lieder haben ihre eigene Kraft und Spiritualität. Sie gehen oft tiefer als das Wort. Die Kraft der Lieder im Gottesdienst wird in der Theologie meist unterschätzt. Lieder laden dich auf mit Erinnerung und berühren deine Seele. Weil ich von außen komme und nicht der Gemeindepfarrer bin, kann ich ja dort, so finde ich, meine Lieblingsweihnachtslieder singen. »Ich steh an deiner Krippe hier, o Jesu, du mein Leben!« steht auf Platz eins meiner persönlichen Weihnachtscharts. Ein Text von Paul Gerhardt, dem Trostmeister aus der Mitte Deutschlands, der mit acht toten Familienangehörigen, Bruder, Eltern, Frau und Kinder, spürbar weiß, was Trost und Halt bringt. Von Trostlosigkeit und Trost kann er ein Lied singen. Seinen Text kann ich auswendig. Und als ich nun die erste Strophe vor mir her singe und sage, fallen mir plötzlich wieder die Bilder von der Warteschlange aus der schwäbischen Kirche ein. »Ich steh an deiner Krippe hier, / o Jesu, du mein Leben. / Ich komme, bring und schenke dir, / was du mir hast gegeben. / Nimm hin, es ist mein Geist und Sinn, / Herz, Seel und Mut nimm alles hin / und lass dir's wohl gefallen.« Jetzt weiß ich wieder, was die Gläubigen in der schwäbischen Kirche damals alles mit nach vorn brachten. Die Kranken und Gekränkten, die Beladenen, die Schwulen, die Glücklichen, die Liebenden, die Kinder und die Alten brachten alles mit – Geist, Sinn, Herz, Seele und Mut – und hatten eine ganz, ganz tiefe Hoffnung: Es würde ihrem Gottvater gut gefallen. Er würde alles nehmen und nicht meckern und nicht mäkeln. Er würde sie aufrichten und nicht richten. Er würde alles nehmen und sie segnen. Einfach weil sie seine Kinder sind. Ein Vater ist ein Vater. Und ein Vater ist ein Segen für die Kinder und die Kinder ein Segen für den Vater. So war es.

Vielleicht müsste man für einen Augenblick nur das Jesuskind in der Krippe aus Paul Gerhardts Weihnachtslied mit dem Vater auf dem Himmelsthron tauschen, um den Sinn des Vaterseins anschaulich zu machen? Vielleicht sollte ich, um es am Heiligen Abend wirklich irdisch-himmlisch angehen zu lassen, nicht das Jesuskind, sondern den eigenen Vater und die eigene Mutter an den Beginn des Weihnachtsgottesdienstes stellen? Der Weg zu Mutter Erde führt nur über die eigene

Mutter. Der Weg zum Himmelsvater führt nur über die Ehrung des eigenen Vaters. Wer mit der eigenen Mutter und dem eigenen Vater seine Probleme hat, der hat dieselben Probleme auch mit dem Vater im Himmel. Und wer sich wegen immer noch frischer Wunden durch paternale Unterdrückung schwer auf den Vater einlassen kann, der sollte eine einfache Beobachtung in sein Herz nehmen, die Bert Hellinger einmal machte: Wir neigen uns der Erde zu, wenn wir uns dem Vater nähern. Und er redet auch nur mit uns über irdische Kommunikationswege. Wo wir uns Mutter Erde zuwenden, suchen wir den Vater im Himmel. Wir gehen auf den Friedhof zum Grab unserer Verstorbenen, schauen nach unten und lassen sie doch von oben aus auf uns wirken.

Brief an meinen Vater

Weißt Du noch, mein lieber toter, vor bald dreißig Jahren verstorbener Vater, wie ich Dich und Deine Liebe zu mir verleugnet habe? Wie ich als kleiner Junge weinend zum nahen Großvater gelaufen bin, um ihm zu sagen, er solle Dich in meinem Auftrag anständig verhauen, weil Du mir in meinen Augen Unrecht getan hattest? Großvater hat es nicht getan. Ich war enttäuscht von Großvater. Du hast doch sicher bemerkt, dass ich Dich nie »Papa« nannte. Das konnte ich nicht. Ich wäre durch die Flut meiner scheinbar nicht erwiderten Liebe weggeschwemmt worden. Ich hätte keinen Halt mehr gefunden. Hast Du jemals in aller Öffentlichkeit zu mir gesagt, dass ich Dein Sohn sei? Nein, das hast Du wohl nicht. Aber ich durfte an Deiner Seite stehen, wenn Du beim großen Sportfest in der Stadt das Mikrofon nahmst und die Veranstaltung moderiertest. Da war ich Dir ganz nah und bin es bis heute. Immer wenn ich in ein Mikrofon spreche, bin ich Dein Sohn. Und ich spreche oft in Mikrofone.

Weißt Du noch, wie ich mit zehn Jahren in aller Öffentlichkeit bestritt, dass Du mich überhaupt lieben würdest? Ich habe das oft erzählt. Und ich weiß immer noch nicht, ob Dich meine Erinnerung und meine Entschuldigung erreicht haben. Du hattest mich mit meinen zehn Jahren für einen Sommer zu Deinen finnischen Geschäftsfreunden und deren Kindern nach Lahti geschickt. Auf dem Flughafen von Helsinki angekommen, wartete ich mit der wildfremden Familie auf mein Gepäck und als wir es endlich hatten, wollte ich gleich los. Aber man gestikulierte, dass wir erst Dich, den Vater in Deutschland, anrufen müssten, um ihm von der heilen Ankunft zu berichten. Da winkte ich ab und erklärte, dass mein Verhältnis zu meinem Vater nicht so eng sei, als dass er sich um mich sorgen würde. Ich sehe heute noch die großen Augen meiner Gastfamilie und ich spüre heute noch den Schmerz und die Scham des Moments in mir, als sie sagten, dass das nicht stimmen könne, weil Du Minuten vorher voller Sorge schon angerufen hättest. Ich habe immer erzählt, dass das der erste weiße Kieselstein auf meinem Liebesumweg zu meinem Vater war. Ein weißer Kiesel, wie ihn Hänsel suchte, um den Weg zu seinem Vaterhaus wiederzufinden. Ein weißer Stein glänzt auch in dunklen Nächten ein wenig.

Und weißt Du noch, Du lieber toter Vater – wenn Du mir überhaupt zuhörst –, wie Du mir nach der Abiturfeier dringend empfahlst, Zahnarzt zu werden, weil Zahnärzte so viel verdienen würden? Und wie mein Kinderwunsch, Pfarrer zu werden, für Dich in der Erwachsenenwelt der Zahlen nicht zählte? Pfarrer rangierten für Dich in der Nähe der brotlosen Künstler. Vaganten allzumal, die nach ein paar Jahren in eine andere Pfarrstelle weiterziehen, um dort ihr Karussell mit eingebauter Orgel aufzubauen.

Ach, Vater, wenn Du nur kommst und hörst. Ganz greifbar, nicht geträumt! Wiewohl, ich gebe zu: Wäre die Distanz zwischen unseren Wirklichkeiten aufgehoben und wärest Du hautnah bei mir, ich würde mich immer noch vor Dir fürchten. Ich würde Dich immer noch als Vater anreden und nie und nimmer als Papa, Papi oder Vati. Das braucht wohl noch Zeit und ist doch unverzichtbar. »Vater« ist so eine Art Begriff und Instanz. Die hatte ich mein Kinderleben lang. »Papa« ist immer eine Liebesgeschichte. Ich bitte Dich, diese Nähe zwischen Vater und Sohn aus Deinem Himmel mitzubringen, damit ich sie auf Erden noch nutzen kann wie selbstverständlich. Schenk Du sie mir wie einen Neuanfang. Was soll ich mit einem Begriff? Ich brauche Geschichten.

Kannst Du noch, mein lieber toter Vater? Ich habe immer noch Angst, dass Du mir nicht zuhören könntest. Du warst so oft bei den Problemen Deiner Firma. Die drängten sich sogar in Deine Tischgebete. Im Himmel zählt keine Zeit. Bei Dir zählte sie schon. Ich fürchte, dass Du immer noch abwartest, ob zwischen meinen kurzen Sätzen schon Raum ist für Deine noch kürzeren Befehle. »Räum die Bude auf, Jürgen! Rupfe das Unkraut! Wasch dir die Ohren! Zeig mir die Schularbeiten!« Ach, weißt Du noch, Vater, wie ich die langen Haare trug und wie ich mich mit jeder Obrigkeit anlegte? Die ersten Lehrerinnen, denen ich vorwitzig kam, hat Mutter noch abwehren können. Später wurde es schwerer. Obrigkeiten aller Art waren meine ausgesuchten Feinde: Bundeswehr und Kirchenbeamte, Fernsehdirektoren und Radarpolizisten! Ich erkannte all die Jahre lang nicht, dass sie für mich Übungsfelder waren, um irgendwann einmal gegen Dich antreten zu können. Es waren Stellvertreterkriege, in denen der Sohn den Vater vor sein selbstgemachtes ausgedachtes Gericht ziehen wollte. Kämpfe, in denen der Sohn nicht Sohn, sondern Herr sein wollte, Richter über seinen Vater! Vater, Du warst so stark! Zu stark! Ich traute mich nicht. Ich fürchtete mich. Ich flüchtete zum Großvater und über den Opa zum Vater im Himmel. Der war weniger launisch und hörte sich jeden Abend meine Gebete an. Dann, als ich endlich Pfarrer geworden war, kamst Du nicht einmal zu meiner Ordination. Was habe ich gelitten! »Wenn du nur kommst – Doch komm nicht als Erscheinung. Komm in mein reingeweintes Augenlicht.« Jahre habe ich gebraucht, um zu verstehen, warum Du nicht eine Predigt von mir hören wolltest! Was ich für Sturheit hielt, war doch nur Liebe. »Fremdschämen« würde man das heute nennen. Du hättest in irgendeiner fernen Kirchenbank gesessen und Dich furchtbar für mich geschämt, dich geschämt über den jungen ungestümen Pfarrer von Deinem Blut. Der sprach auf der Kanzel eine gewöhnliche Sprache, die er wohl den Leuten auf der Straße abgelauscht hatte. Ein Hippie mit langen Haaren und den linken Ansichten ohne Absichten. Aber Fremdschämen ist auch eine Form von Liebe! Das weiß ich erst seit ein paar Jahren. »Wir werden wie zwei Wellen uns umschlingen. Was uns durch Alter trennte, was versäumt war, würde groß und unbefangen schwingen.« Kennst Du eigentlich Ringelnatz? War er Dir ein Begriff, als er noch lebte? Hast Du auch solchen Spott gebraucht, als letzten Ausweg, um Dich mit dem braunen Pack nicht zu arrangieren? Wir haben nie darüber gesprochen.

Weißt Du, mein lieber toter Vater, ich war stolz auf Dich. Darauf, dass Du im Krieg ein auf offener Straße von feindlichen Flugzeugen erschossenes Pferd aufgebrochen und die großen Fleischteile für die Familie auf einem Pferdekarren nach Hause geholt hast. Ich war stolz auf Dich, immer wenn davon erzählt wurde. Ich war Dein Sohn. Ich war in der Schule stolz, dass Du, verglichen mit den Eltern der Klassenkameraden, ein wenig Reichtum angesammelt hattest und wir das erste Schwimmbecken weit und breit im Garten hatten. Du bautest mit Mutter das erste Haus nach dem Krieg weit und breit. Ach, Papavater, ich würde mich so gerne auf Deine Schultern setzen, wie Du auf den Schultern von Großvater Wilhelm sitzt. Und ich würde eure Kraft im Rücken spüren. Stark würde ich sein und gerade und unbeugsam, weil die Kraft der Generationen über den Rücken weitergege-

ben wird. Stolz spürt man im Rücken. Es ist das Gefühl, das die Generationen verbindet und die Liebe stärkt. Da geht dann ein leises Kribbeln durch den Körper wie Strom und Energie: das Blut der Familie. Sie sind da! Die Ahnen! Und über den Ahnen der, den alle ahnen. Die Anrede »Papavater« ist übrigens ein guter Kompromiss. Quatsch! Es fällt mir noch immer schwer, »Papa« zu sagen und zu schreiben. Ich saß in Wirklichkeit als kleiner Junge auch nie auf Deinen Schultern.

Und dann lagst Du irgendwann in Deinem Sarg. Ein Bild, das ich mein Lebtag nicht vergessen werde. Du, mein Vater, mein heiliger Vater! Schlohweißes Haar, heiliger Ernst, die fahlen Hände gefaltet. Und ich bin zu Dir gegangen, die Straße hinunter und über den Friedhof in die Aussegnungshalle. Der Friedhofsgärtner hatte mir den Schlüssel vom Kühlhaus gegeben, damit ich Dich besuchen konnte. Dieser heilige Augenblick wird bleiben ein Leben lang. Wie ich damals weinte! Was ich da alles bedauerte! Für was ich alles noch keine Worte fand. Da waren in meinem Herzen nur die ersten Spuren des neuen Weges schon zu spüren. Ich würde irgendwann umkehren! Ich würde Dich hier nicht einfach liegen und morgen beerdigen lassen. Ich würde Wege zu Dir, zu meinem Vater, finden müssen! Und ich verstand, dass es Zeit wurde, mich mit Dir zu versöhnen. Bei unserer Mutter war ich als Muttersöhnchen schon vom ersten Lebenstag an zu Hause. Aber nicht bei Dir! Ich hatte mein Leben lang Deinem Blick nicht standhalten können. Aber jetzt schaute ich Dich an. Ab jetzt schaue ich auf Dich. Ich will wirklich Dein Sohn sein und werden, um Dir die Liebe nachzutragen, die ich mich früher nicht zu zeigen traute. »Ach weiß ich, dass kein Toter aufersteht. Doch wenn es das, woran ich glaube, gibt, Papa, dann hauche in mich ein Gebet. Wir haben uns bisher nur fremd geliebt.«

Was habe ich später im Pfarramt auf die Kinder der Verstorbenen eingeredet, dass sie sich diesen heiligen Moment, dieses offene Fenster in die andere Wirklichkeit nicht von Fremden oder dem Leichenbestatter aus dem Herzen reden lassen. Was habe ich in der eigenen Familie dafür geworben, dass wir unsere verstorbene Mutter für Tage bei uns ließen, um von ihr Abschied zu nehmen! Ein verstorbener Vater und eine verstorbene Mutter sind wie ein Fenster zur Ewigkeit. Wer dieses Fenster aus Angst vor großen Gefühlen und großer, nie entdeckter Liebe zuschlägt, bleibt lange allein. Es ist eine Gelegenheit mehr im Leben, der Trauer den Sieg über eine scheinbare Ungerechtigkeit zu verschaffen. Vielleicht ist es im Leben eines Menschen sogar die größte. Dass Vater tot ist, scheint nicht gerecht! Kämpfen oder Trauern, das ist hier die Frage!

Zum ersten Mal habe ich Dich hier »Papa« genannt. Zugegeben, ich habe es von Ringelnatz verstohlen gestohlen. Und ich muss jetzt zurück in die Kirche, muss Abschied nehmen von Dir, von meinen Erinnerungen an Dich, von der Trauer und von Deiner Nähe. Ich muss vor den Altar, ans Mikrofon. Ich bin schließlich nicht nur Sohn und Kind in dieser Nacht. Ich bin hier der Herr Pfarrer. Vielleicht das zum Schluss, Papa: Findest Du es eigentlich merkwürdig, dass ein Kind eines Tages Pfarrer, Pater, father und Vater einer Gemeinde wird? Ein Kind, das so wenig vom eigenen Vater hatte? Es gibt Untersuchungen, die aufzeigen, dass Pfarrer durchweg Muttersöhnchen sind. Wahrscheinlich, um auf ihre Art gegen die Abwesenheit des Vaters zu demonstrieren, der sich wie Du über den Beruf der Familie entzieht. Wenn es denn stimmt, dass wir Kinder unsere Eltern lebenslang auf die unterschiedlichste Art und Weise imitieren, weil die Liebe es uns so gebietet, dann muss in Dir eine große väterliche Liebe verborgen sein. Wie sonst könnte ich so viele Menschen lieben, ohne sie zu richten?

Bitte, Papa, wir müssen uns auf später verabreden. Später, Papa, später, wenn ich allein bin. In irgendeiner Nacht werde ich alles niederschreiben und Du wirst bei mir sein. Bitte komm, ja, komm Herr Papa! Und lass nicht lange auf Dich warten. So lange wie man allenthalben auf Jesus schon wartet, dass er wiederkommt. Aber im Grunde ist das auch nur diese Sehnsucht, die wir gerade spüren. Ach, steh noch einmal auf, du toter treuer Gott!

Wohl keiner aus meiner Weihnachtsgemeinde am Bodensee war jetzt noch bei Ringelnatz und seinem Vater, mit dem ich begonnen hatte. Jeder war bei sich. Wohl jeder hier in der dunklen kerzenbeschienenen Kirche hatte sich aufgemacht, seinen eigenen, oft verloren gegangenen Vater zu suchen. Jeder war mit seinem Herzen bei seinem eigenen leiblichen Vater. Ich war bei meinem Vater und hatte einiges mitgebracht, damit er es segnete. Als Erstes sind das meine Töchter. Aber auch eine gescheiterte Ehe. Und eine merkwürdige Landpfarrerkarriere, viel Streit mit der Obrigkeit und viel Liebe der kleinen Leute. Meine Aufstiege und meine Abstiege, meine Licht- und meine Schattenseiten! Alles lege ich ihm zu Füßen, damit er es segnet. Hat er das Herz, alles zu nehmen?

Ach, wie mein Vater für seine sechs Kinder all die Nachkriegsjahre das Christkind spielte! Er, der Unnahbare, vor dem wir Angst hatten und uns in unsere Kinderzimmer verkrochen in der Hoffnung, er würde nicht merken, dass wir da waren! Weihnachten war der Begriff für Unnahbarkeit. Der Vater mit den sechs Kindern! Wie er immer vor uns dem Alter nach aufgereihten Kindern durch einen engen Türspalt ins Weihnachtszimmer schlich. Und wie er von dort das Glöckchen am Weihnachtsbaum klingeln ließ. Und wie sich geheimnisvoll die Tür des Weihnachtszimmers einen Lichtspalt weit öffnete. Wie er dann dastand, feierlich und mit Tränen in den Augen! Es war Weihnachten und mein Vater weinte. Und viele Jahre später ist wieder Weihnachten und sein Sohn weint!

Und wie er uns Kindern sagte, wessen Weihnachtsteller und Geschenke wo standen. Das war auch mein Vater! Der geheimnisvolle Mann, der schwieg und schwieg wie alle Männer. Er ließ nur einmal im Jahr sein Herz einen Spalt weit auf, sodass wir ahnen konnten, dass auch er nicht aus Holz war. »Lineal« nannten ihn die Menschen aus unserer kleinen Stadt. Unbestechlich, gerade, aber eben auch hölzern.

Mutter war in den Heiligen Nächten unserer Kindheit immer hinter uns. Zuerst der Vater, dann die Kinder mit dem Nesthäkchen an der Spitze, dann die Mutter. Sie war ihr ganzes Leben lang der Ausputzer, wie man das im Sport nennt. Sie legte die Hand auf, sie blies über unsere Wunden. Sie war die Nachhüterin. Vater war vor uns. Vater war die Richtung. Vater war Erfolg, Vater war Sieg! Die Väter lehren ihre Kinder den Erfolg. Unsere Mutter war unser Trost. So war das all die Jahre. Er forderte von uns Kindern alles und machte uns zu Siegern und Versagern. Er ging uns voran auf der Lebensbahn. Auch in dieser Nacht.

Mein Vater! Mein Vater auf Erden! Wie er in der Weihnachtskirche voller Stolz seine Familie zeigte, die eine ganze Kirchenbank füllte, und wie er die Choräle viel zu laut sang. Jedenfalls nach den engen Schamgrenzen von uns Kindern. Und wem zeigt er da stolz seine ganze Familie? Wenn es »Stolz« ist, was er fühlt, dann zeigt er sie seinen verstorbenen Eltern. Stolz ist das Gefühl, das die Generationen verbindet und sie im Rücken spürbar stärkt. Und wie er da sitzt, ist er stolz. Und wie er sich in diesen Nächten oft der Tränen nicht erwehren konnte, die sonst nie bei ihm zu sehen waren! Nur eben in dieser besonderen Nacht. Warum nur? Weint er – wie ich bei ihm – bei seinem Vater?

Wenn Eltern weinen, fliegen die Herzen ihrer Kinder zu ihnen, um sie zu trösten. Und trösten bedeutet ja nur, dass man an ihrer Seite ist und stumm verspricht dazubleiben. Ob er wohl selber in dieser Nacht wieder klein wie ein Kind wurde? Was hat mein Vater eigentlich zu Weihnachten geschenkt bekommen, als er ein kleiner Junge war? Ich weiß es nicht. Ich habe ihn nie gefragt. Hatte ich Angst vor Zurückweisung oder hat es mich nicht interessiert? Vater weint. Braucht es solche Feste, um mit kollektivem Einverständnis wenigstens einmal im Jahr sein inneres Kind auszuführen? Ich sah die Tränen meines Vaters.

Er war in diesen Weihnachtsnächten vielleicht wieder für Augenblicke ein Kind, das sich mit seiner Matrosenuniform an seinen preußischen Vater Wilhelm lehnte. So zeigt es ein braunmattes, vergilbtes Foto: Mein kleiner Vater im Alter von fünf Jahren und im Matrosenanzug und noch nicht schulpflichtig. Er, Jahrgang 1912, stand da auf einem Hocker und lehnte sich eher vorsichtig als innig an die Seite eines Uniformierten. Das Foto war aufgenommen worden, kurz bevor mein Opa Wilhelm in den Krieg ziehen musste. Es war wohl das Foto für den Fall aller Fälle und Gefallenen. Ob mein Opa Wilhelm, der Vater meines Vaters, in dieser Nacht auch unsichtbar mit uns in der Kirchenbank saß? Und ob er gar nicht allein gekommen war, sondern mit ihm über alle Generationen hinweg der Vater aller Väter? Von der »Wolke der Zeugen« spricht der Hebräerbrief. Sie sind zwar da, aber eben doch nicht zu sehen. Verstohlen schaute ich aus der Mitte der Familie über meine älteren Geschwister hinweg zu meinem Vater. Er war jetzt weniger bei uns. Er war für Momente entrückt. Er schaute von uns weg. Mit seinen Tränen war er ganz woanders. Und seine Seele sang und rief auf diese Weise in die unsichtbare Welt – wohl nach der Liebe seines Vaters. Dem war er zugewandt in diesen Situationen.

Bevor er dreißig Jahre später starb und von uns begraben wurde, hatte er in seinem Testament verfügt, dass wir alle

»Nun danket alle Gott« singen sollten, und zwar nicht nur so, sondern »mit Herzen, Mund und Händen«.

Als er mit 68 Jahren starb, war ich nicht bei ihm. Es war Sommer. Mutter rief mich an und weinte. Sie erzählte kurz, dass Vater wieder einmal mit Blaulicht ins Krankenhaus eingeliefert wurde, wie so oft. Aber diesmal war aus unserer Sicht alles zu spät. Zu spät für wen? Für Vater? Zu früh für wen? Für Mutter? Zu spät oder zu früh für wen eigentlich? Für uns Kinder? Aus diesem Leben entlassen, werden wir doch vollendet. Mutter bat, dass ich kommen solle. Mir wurden die Knie weich und ich weinte. Und auf der übereilten Fahrt nach Hause sang ich meinem Vater seine Choräle und Heimatlieder. Mein Vater ist tot! Und ich singe für ihn: »Im schönsten Wiesengrunde ist meiner Heimat Haus.« Mein Vater ist nicht mehr und ich singe für ihn: »So nimm denn seine Hände!« Und das, obwohl ich als Landpfarrer so oft dabei gewesen war, wenn ein Vater starb. Aber da war ich eine Art Zeremonienmeister, der die Riten und Gebräuche als Trost und Heimat und Schutz vor dem Fremden anbot. Aber wenn der eigene Vater stirbt, ist das anders, da bin ich schutzlos.

Aber jetzt ist er spürbar bei mir. Er wärmt mein Herz mit seinen und meinen Tränen in dieser Weihnachtskirche zu Konstanz. Er hat meinen Ruf gehört: Ach, steh du doch auch noch einmal auf ins Leben, mein toter Vater! Und sieh, was aus mir geworden ist: Ein Pfarrer, ein Tröster, ein Prominenter, ein Scheinheiliger, ein Angsthase. Ich habe mehr oder minder in deinem Auftrag Geld zum Überleben gesammelt. Dabei ist der Krieg längst vorbei. Aber immer noch spüre ich deine Angst davor, alles zu verlieren, in meinem Herzen. Du regierst mein Herz.

Warum ist uns das alles nur so wichtig? Dem Joachim Ringelnatz und mir und offenbar all den anderen in dieser Kirche hier. Was hat der Vater denn mit meinem Leben zu tun? Wir sind doch Pfeile auf dem Bogen unserer Eltern, hat Khalil Gibran gelehrt und wir haben es Tausenden von Täuflingen in die Taufbücher geschrieben. Und jetzt sehnt sich der Pfeil, der ich bin, danach, dem Bogen zu berichten, welche Ufer und Ziele er erreicht hat. Merkwürdig! Was ist das für ein Zwang oder eine schöne Not, dem Vater oder der Mutter alles zu Füßen zu legen? Hollywood-Stars werden von dieser süßen Not eingeholt, wenn sie im Zenit ihrer Karriere stehen und tränenüberströmt den Oskar entgegennehmen und dann unbedingt ihrem Vater und ihrer Mutter danken wollen. Bei der Vereidigung zur Bundeskanzlerin sitzen die Eltern von Angela Merkel auf der Tribüne. Und Angela Dorothea winkt und zwinkert ihnen zu. Was ist das für ein Sehnen? Ihnen geht es wie mir und auch nicht anders als all den Polarforschern und Abenteurern aller Zeiten, die alles, was sie entdeckten, ihre Ziele und ihre Schätze, Kontinente und Völker, eben alles, ihren königlichen Landesvätern und -müttern zu Füßen legten.

Was ist das für ein Reflex, für ein unwillkürliches Tun? Wem dient das? Wo macht das Sinn? Sinn macht es nur, wenn das Nehmen und das Geben, das Schenken und das Beschenkt-Werden in einem unsichtbaren Gleichgewicht sind. Und wenn es in unserem Herzen spürbar einen Impuls gibt, den Eltern, Vater und Mutter, zu Weihnachten ein Geschenk zu machen, dann ist das ein deutliches spätes Zeichen für das, was unsere Seele ihnen verdankt: das Geschenk unseres Lebens. Wir können da nicht mit allerhand Tand in der Hand als Kinder zu unseren Eltern gehen. Hinter all den Geschenken in unseren Händen, hinter Pralinen und Parfüm, hinter Socken und Krawatten, hinter Muttertag und Vatertag und unserer ewigen Verlegenheit steckt das sprachlose Pflichtgefühl, den Eltern für das Leben danken zu müssen.

Was also legen wir in dieser Nacht unseren Vätern und Müttern zu Füßen, wenn wir mit ihnen das heilige Fest feiern? Es muss etwas Großes sein! Im Neuen Testament erzählt Jesus dazu: Ein Gutsbesitzer macht eine Reise und vertraut seinen Knechten sein ganzes Gut an und lässt sie dann machen. Als er aber zurückkommt, will er wissen, was sie aus dem, was er ihnen gegeben hatte, gemacht haben. In diesem Gleichnis versucht Jesus einmal mehr, das Verhältnis vom Himmelsvater zu seinen Kindern in Worte und Bilder zu fassen. Dies ist von Jesus auf der seelischen Ebene gut beobachtet und deckt sich mit unserem Weihnachtsgefühl.

Weil wir von unseren Vätern und Müttern ein großes Geschenk bekommen haben, nämlich unser Leben voll von Talenten und Gaben, ist auch nur eine Gabe angemessen, wenn wir darüber nachdenken, was wir den Eltern, dem Himmelsvater oder dem Gutsherrn schulden könnten. Wir legen ihnen zu Füßen, was wir aus unserem Leben gemacht haben. Das ist das Weihnachtsgefühl, das wir in der Stunde der Gottesnähe, Vaternähe, Krippennähe in den Händen halten. Es steckt tief in uns drin, dass wir Kinder unseren Eltern unser Leben zu Füßen legen.

Und warum tun wir das? Ganz einfach: Sie sollen alles annehmen und segnen. Alles und ohne Unterschied! Der Vater im Himmel lässt die Sonne aufgehen über Gut und Böse gleichermaßen. Und so sollen es der Vater und die Mutter auf Erden auch tun. Alles, aber auch alles soll von ihnen gesegnet werden!

Meine drei zusätzlichen Schuljahre würde mein Vater nicht mehr als unnötige Umwege diskreditieren. Er würde sehen, dass es für Menschen gar keine Umwege gibt, sondern nur Wege! Alles, alles wäre gut und gleich gut. Wir brauchen den Segen der Eltern über unser Leben so nötig wie Wasser und

Brot. Für den Segen kommen die Kinder heim. Und das tun sie nicht nur zur Weihnachtszeit.

Es gibt ein Segensereignis im Leben der jungen Menschen, das stattfindet, wenn man sich entschlossen hat, zu heiraten, und die erwählte Braut oder den Bräutigam unbedingt den Eltern vorstellen will. Man bringt den neuen Partner mit nach Hause. Man stellt ihn den Eltern vor. Man legt ihn den Eltern zu Füßen. Warum? Damit sie ihn oder sie vielleicht kritisieren, ein Auge auf ihn werfen und den Daumen nach oben oder unten richten? Wohl kaum. Wir tun dies bis in unsere heutigen Tage hinein, damit unsere Eltern unsere Entscheidungen absegnen. Das machen die modernen Eltern nicht mehr mit großen Worten und großen Gesten. Das machen sie im Zeitalter des Materialismus mit Material. Ganz versteckt ist ihre Seele. Sie fragen meist, ob denn die Kinder schon alles für den neuen Hausstand zusammenhaben oder ob da noch dieses oder jenes fehlt? Und die Kinder strahlen. Ohne Wurzeln wird kein Baum Früchte tragen!

Wenn die Kinder den Eltern etwas schenken, weinen beide. Es ist immer ein Vorgeschmack des großen Abschieds, der vom ersten Atemzug des Kindes an in der Luft liegt. Es rührt sofort an die tiefsten Tiefen ihrer einmaligen Beziehung, an Geburt und Tod, Willkommen und Abschied. Wenn die Eltern den Kindern etwas schenken, lachen beide und leben und lieben, weil das Kind zunimmt, während die Eltern abnehmen. Das ist gut so. Es ist in guter Ordnung.

Und so winken die Eltern oft dankend ab, wenn die Kinder mit großen und kleinen Geschenken kommen. Eltern haben nur eine Erwartung und warten nur auf ein Geschenk: Sie lauschen auf das Geräusch des Pfeils, den sie vor Jahren ins Leben geschossen haben. Fliegt er noch, landet er schon, welche Ziele hat er erreicht? Was hat ihr Kind aus seinem

Leben gemacht, das ihm doch geschenkt wurde? Und sie warten auf ihre Kinder und Kindeskinder, um all das zu erfahren. Und wenn die Kinder dann nicht kommen und die Eltern und Großeltern klagen, dann hat es meist den einen Grund: Die Kinder sind sich nicht sicher, ob die Eltern und Großeltern das »absegnen«, was sie mitbringen. Vor vielen Jahren brachte eine Lieblingstochter einen Algerier mit nach Hause an die Nordseeküste. Das konnten die Eltern nicht akzeptieren. Und so müssen sie heute damit leben, dass sie ihre Tochter und ihre wunderbaren vier Enkelsöhne nicht zu Gesicht bekommen. Erst wenn sie bereit sind, ihre Kinder zu segnen, kommen die Kinder, um sich dieses größte Geschenk abzuholen.

Ich lasse der Gemeinde mit ihren Tränen in dieser Heiligen Nacht auch alle Zeit der Welt. Eine in die Jahre gekommene Gemeinde sitzt da vor mir. Viele graue Haare. Und jeder hat einen Vater und jeder besucht ihn jetzt gerade. Es gibt ein paar Jüngere, die offenbar mit ihren Vätern in die Christmette gekommen sind. Die schauen etwas verlegen den Vater an. Und der schaut oft nicht zurück. Väter lieben anders. Väter lieben geheimnisvoll. Väter lieben in stillen Zeichen. Sie imitieren den Vatergott, der auch nur selten mit seinen Kindern über Worte kommuniziert. Stumme Zeichen sind den Vätern lieber. Überdies sind sie jetzt bei ihren eigenen Vätern.

Gesichter sehe ich, die zu Boden blicken und in denen man dennoch lesen kann. Nach unten blicken sie in dieser Nacht, suchen ihre Toten. Und da sind viele. In einer Kirche versammelt sich eben immer die ganze Gemeinde. Und das sind die Lebenden und die Toten. Die sind nicht auf dem Friedhof. In dieser Nacht sind sie hier. Die Kinder haben sie mitgebracht in ihren Herzen.

Gleich wird es Mitternacht sein, Heilige Nacht. Und zur Heiligen Nacht machen sich die Seelen der Kinder auf, um zum alles krönenden Abschluss der dunklen Jahreszeit die Eltern zu besuchen. Das ist oft ein langer Weg. Kurs Kindheit! Alle Kraft zurück! Zurück zu den Wurzeln!

Angefangen hat diese Reise zu den Wurzeln traditionell immer mit dem ersten November, wenn wir uns am Abend aller Heiligen und aller Seelen gemeinsam mit allem, was lebt und atmet, unseren dunklen Seiten zuwenden. Geht die Seele im Frühling gerne aus dem Häuschen, geht sie ab November gerne wieder ins Häuschen zurück und dort zu den Wurzeln, zu den Verstorbenen und zu den verstorbenen Eltern. Dort legt sie sich zu ihren Vätern und wird sich stärken und festigen bis zur Heiligen Nacht. Sie rückt in dieser Zeit dem Schoß des Vaters und der Mutter näher – jeden Tag mehr. Weihnachten sind wir dann endlich angekommen. Mit allen Sinnen von Allerheiligen zum Heiligen Abend! Und wenn wir dann da sind, am 24. Dezember, hat draußen die Sonne am Himmel ihren Kurs geändert. Sie kommt zurück und wir gehen gesegnet und gestärkt von unseren Vätern und Müttern ins Leben zurück und werden es leben. Wer keine solche Dunkelheit durchfahren hat, taugt nichts am Tag. Darum zieht es uns in dieser dunklen Jahreszeit mit Recht nach unten. Auch nach dem Essen, das Heimat heißt, sehnen wir uns. Waren es einfache Frankfurter Würstchen mit Kartoffelsalat für die viel beschäftigten Mütter? Oder die Weihnachtsgans, die schon den ganzen Tag über in der Bratröhre goldbraun wurde? Weihnachten ohne dieses Essen ist nicht Weihnachten!

Und was waren das für Geschenke, die unter dem Tannenbaum lagen? All das tut sich jetzt zu Weihnachten in unserer Erinnerung zusammen, damit wir unser schönes langes Leben lang die Heimat und Herkunft nicht vergessen. Nicht einmal im Alter! Da wird noch in unserer möglichen Demenz alles Mögliche ins Vergessen rutschen. Nicht aber Weihnachten, das Essen, die Gerüche, die Spannung und Vater und Mutter. Die Sehnsucht danach wird uns bleiben. Sie ist ein Wegweiser für ein gelungenes Leben, das Tag und Nacht nicht scheut.

Genauso ist es in dieser und jeder Heiligen Nacht. Wir wollen den Segen unserer Eltern über unser ganzes Leben spüren. Wir wollen, dass sie alles annehmen und alles segnen. Ja, das wollen wir. Der Vater und die Mutter sollen ihre Sonne aufgehen lassen über allem im Leben ihrer Kinder! Die Zeit soll vorbei sein, in der sie das aus ihrer Sicht Gute ins Töpfchen und das Schlechte ins Kröpfchen sehnen. Der erfahrene Himmel und die Gottesnähe haben ihnen endlich die Augen und das Herz geweitet. Die Umwege der Kinder wurden zu Wegen. Und aus dem Mist im Leben der Kinder wuchs Heilkraut. Das wollen die Kinder gesagt bekommen. Sie wollen den Segen! Und man kann es nicht groß genug schreiben und nicht lange genug erzählen. Wir brauchen den Segen unserer Eltern bis in alle Ewigkeit. Amen!

Segen steht am Ende der Begegnung zwischen den Eltern und Kindern. Es ist ein Abschiedsritual. Diesen Segen können die Eltern zum Abschied nicht nur in Gesten, sondern auch in Worte fassen. Das können ein paar wenige Worte sein: Fürchte dich nicht! Du bist mein Sohn! Wenn ich meine Kinder segne, spreche ich leise die oben schon zitierten Jesaja-Sätze: Wenn du durchs Feuer musst, sollst du nicht verbrennen. Wenn du durchs Wasser musst, sollst du nicht ertrinken!

4. Die Väter der anderen

Was will ich noch hoffen?
Hinauf, ach hinauf!
Der Himmel ist offen,
Nimm, Vater, mich auf!

Joseph von Eichendorff

Was will der junge Erbe des altehrwürdigen Kurhotels in Salzburg von mir? Mit seinem großen Geländewagen ist er zu mir nach München gereist, um mich für seine teuren Gäste zu engagieren. In der dritten Generation ist er der Chef dieser gefragten Adresse für gehobene Ansprüche. Sein Haus ist eine Art Geheimtipp, der von gut betuchten Gästen über Generationen hinweg weitergereicht wird. Für ein paar stille Tage der inneren und äußeren Erneuerung soll es keinen besseren Platz geben, sagt man. Man muss, um von Salzburg aus dorthin zu kommen, ein paar hundert Höhenmeter über einen schmalen Asphaltweg nach oben fahren. Im Sommer leuchten die grünen, blühenden Bergkräuterwiesen und im Winter geht es durch tiefen Schnee. Im Norden hebt sich das weiße Schloss von Salzburg aus dem flachen Tal der Salzach ab. Zur Kur geht es aufwärts. Das Tal bleibt hinter einem zurück. Und mit ihm auch ein Stück Schwere. Dann passiert man einen kleinen dunklen Bergwald und mit ihm auch merkwürdigerweise manches Dunkle, das man im Herzen trägt. Neue Bergwiesen tauchen auf, Almen wie aus dem Bilderbuch, und dann ist man endlich da. Der Wagen steht, man steigt aus und schaut unwillkürlich ins Tal hinab. Es ist das Tal, das man hinter sich gelassen hat. Die Seele hat hier oben Raum zum Atmen. Wer einen Ort der Kraft sucht, der ist hier richtig.

Hier also wollen die werten Gäste ihre Mitte wiederfinden. Sie wollen Körper, Geist und Seele in Einklang bringen! Alles soll leichter werden. Der Weg zwischen Überfluss und Mangel ist immer schmal, der zwischen Verzweiflung und Übermut auch. Abstürzen kann man nach jeder Seite. Das Versinken droht überall. Hier also soll ich arbeiten. Wahrscheinlich aber werde ich hier Gäste treffen, die mehr mit dem Überfluss und der Hoffart und dem Übermut zu kämpfen haben als mit dem ewigen Zuwenig. Der Weg zurück in die eigene Mitte wird mit notwendigen Abschieden gepflastert werden. So wie die schweren Pfunde zu lange über Berge mitgetragen werden und den Organismus belasten, so belasten die nicht vollzogenen Abschiede Herz und Seele. Hier sollen aus Opfern ihrer Biografie wieder Täter ihres Lebens werden.

Der Weg in die Mitte ist zu verschiedenen Lebenszeiten immer anders. Kinder sind dann in ihrer Mitte, wenn sie ihre Eltern mehr und mehr hinter sich lassen können. Jugendliche sind dann in ihrer Mitte, wenn sie sich ohne elterliche Begleitung im Leben bewähren. Junge Erwachsene sind dann in ihrer Mitte, wenn sie ihre Sexualität leben, Familien gründen und dann Erfolg im Beruf suchen. Und nicht umgekehrt, wie das heute allenthalben zu sehen ist und gelebt wird. Zuerst kommt die elementare Berufung in die Ordnung der Schöpfung, zuerst kommt das Kinderzeugen und Gebären! Dann kommt die besondere individuelle Berufung im Beruf, um die Kinder wachsen zu lassen.

Die Klientel, die hier im Hotel anzutreffen ist, ist durchweg jenseits der Lebensmitte. In dieser Phase geht es mehr denn je darum, dem Leben einen Sinn und eine Einordnung zu geben oder schon zu schauen, wie sinnvoll das Leben war. Wer da immer noch Ehrenrunden aus früheren Lebensstufen dreht, muss nachreifen. »Wohlan denn, Herz, nimm Abschied und gesunde!« Zur Reife gehört in dieser Zeit, dass die eigenen alten oder schon verstorbenen Eltern in den Blick kommen. Und wo das nicht fließt und läuft, ist die Mitte nicht in Sicht. Das uralte Weisheitsangebot, Vater und Mutter zu ehren, damit man ein langes erfülltes Leben leben kann, hat jetzt im Seelenleben der Menschen seinen rechten Platz. Zum Sinn im Leben gehört eben nicht nur die Liebe zum Partner und die Liebe zu den Kindern. Das ist nur das halbe Leben und der halbe Sinn. Zum Sinn und zu einer erfüllten Liebe gehört auch die Liebe zu den Eltern. Zu viele Pfunde und zu wenig Bewegung, falsches Essen und allerlei Süchte sind ja nur die äußeren Zeichen dafür, dass das »Lauftier« Mensch aus der Schöpfungsordnung gefallen ist und seine seelischen Aufgaben nicht erfüllt. Zu viel oder zu wenig, das sind nur die sichtbaren Zaunpfähle, mit denen das Leben uns winkt, um uns auf eine höhere Ebene zu heben. Und hier und jetzt heißt das, Vater und Mutter zu ehren.

Mit dem Fastenprogramm nach F.X. Mayr sorgt der stille, hochgewachsene Kurarzt aus Salzburg für die Gäste. Er greift nicht groß ein. Er lotet eher aus. Er hat eine leise, sanfte Stimme. Ihm ist wohl längst aufgefallen, dass zur Heilung mehr gehört als nur die Entgiftung des Körpers. Aber was ist mit dem seelischen Gift? Gesundheit ist doch ein ganzheitliches Geschehen von Körper, Geist, Familie und Seele. Und Krankheit kann der letzte Hilferuf der Seele sein, die sich aufmacht, das Leben eines Menschen über den Körper zu korrigieren. Krankheit ist oft sinnvoll und voller Sinn. Krankheit ist die oft schmerzhafte Suche nach einem Weg zurück in eine alte gute Ordnung und Bestimmung. Krankheit ist die Retraite des Körpers. Der Körper geht quasi freiwillig ins Kloster. Er sucht instinktiv die Abgeschiedenheit. Er nimmt Abschied von einem Teil ungesunden Lebens. Er konsumiert nicht mehr, er isst und trinkt nicht mehr, er liebt nicht mehr. Er zieht sich zurück. Häutung heißt die Aufgabe. Er beginnt in der Stille das Räsonieren, Lauschen und Beten. Er geht in die Stille, in die Isolation, ins Fasten und Sinnieren. Alles Äußerliche ist ihm jetzt zu viel. Jetzt geht er nach innen. Krankheit ist das natürliche Gebet des Körpers! Krankheit ist wie eine stetige Pilgerreise ohne Garantie einer Gottes- und Sinnbegegnung. Der Ruf, sich aufzumachen, ist nicht zu überhören und zu übersehen. Ob Gott da sein wird?

Was sucht der Körper in diesen Tagen der inneren Einkehr und Entgiftung da stellvertretend für Seele und Geist, die sich offenbar vor der Fremde und einer neuen Herausforderung scheuen? Der Körper sucht wie all jene, die ins Kloster gehen, eine Gottesbegegnung. Er sucht eine Berufung, um von dort her neu in den Dienst des Lebens gestellt zu werden. Das weiß zwar die Weltgesundheitsorganisation und hat deshalb die spirituelle Dimension in ihre Definition von Gesundheit aufgenommen, aber Mitteleuropäern ist diese Dimension der Krankheit oft nicht so bewusst. Sie ahnen sie höchstens. Beim Rückenschmerz spüren sie nur, dass da etwas ganz anderes hochkommt: Existenzängste vielleicht? Und die Leber wächst eben nicht unbegrenzt mit ihren Entgiftungsaufgaben.

Das alles wissen der Kurarzt und die Hotelbetreiber auch. Sie suchen nach stiller Begleitung für ihre Gäste. Ein Psychologe reicht in solchen Fällen nicht. Da muss ein Seelsorger her.

Aber wer bin ich denn? Ein Betlehrer bin ich! Ich bin ein Betlehrer, ausgebildet von Jesus, bei ihm bin ich in die Schule gegangen. Und bei meinem Großvater und den alten Männern aus dem Gebetskreis in der rheinischen Kirchengemeinde, die sich jeden Donnerstag trafen. Ich bin ein Jesusmann. Seit meinen Kindertagen schaue ich dem Rabbi aus Nazareth über die Schulter. Als ich klein war, spuckte ich wie Jesus in den Sand des Sandkastens, rührte einen Brei an und strich ihn mir auf die Augen. Nichts passierte. Aber ich war ja auch nicht blind. Ich sah ihn weinen und ich sah ihn lehren. Ich sah ihn beten und ich sah ihn fasten. Ich bin ein Jesusmann. Und wenn ich ihn wirklich liebe und verehre, dann muss ich ihn imitieren. Imitieren heißt lieben. Und lieben ist mehr als glauben. Imitation Christi heißt nicht gleich mit ihm ans Kreuz gehen. Das könnte der Kirche so passen. Es heißt: bedingungslos zu lieben. Das könnte der Kirche passen.

Aber das wissen die Herrschaften aus dem Salzburger Land ganz bestimmt nicht. Mit meinem Jesus und meinem Beten ging ich nie hausieren. Beten ist nichts für den Markt. Beten ist etwas für die Kammer. Beten darf die Stille der Kammer nicht zerstören. Das weiß ich jetzt. All die Jahre vorher war ich eine Art junger, ungestümer Prophet, der mit gewaltigen Worten die Gerechtigkeit für die Armen einforderte und die Atomkraft in die Schranken verweisen wollte. Ethik war für mich wie für viele andere Gläubige ein von allen Seiten anerkannter Religionsersatz. Sogar mit der für Propheten üblichen Angst vor Gott und den Menschen bin ich mit weichen Knien auf die Kanzel gestiegen und habe es donnern lassen. Aber dann bin ich doch ein Betlehrer geworden. Ich habe an Krankenlagern und Sterbebetten, an offenen Gräbern und von Bäumen zerschmetterten Autos lernen müssen, dass Religion anders ist. Sie ist nicht der Weg, Gerechtigkeit im Lande herzustellen. Religion ist eine spirituelle Technik, die das zerbrechliche und zerbrochene Leben zu deuten hilft, um nicht darin und daran verrückt zu werden. Religion ist die Kunst des Trostes, um bei Trost zu bleiben. Und Beten und Segnen sind ihr wichtigstes Handwerkszeug.

Aber wollen die Hotelbetreiber wirklich, dass ich mit den Gästen bete? Sicher nicht! Sie haben mich im Fernsehen gesehen und offenbar gespürt, dass ich Menschen wie eine Art Bergführer durch ihre tiefsten Tiefen und höchsten Höhen begleiten kann, ohne Angst und Furcht und ohne blendende

Moral. Sie haben wohl auf irgendeine Art und Weise mitbekommen, dass ich nicht im schlechten Sinne des Wortes predige, dass ich nicht richte. Auch das habe ich von Jesus, dem Rabbi, abgekupfert. Richten ist etwas für Leute, die sich aus einer Angelegenheit heraushalten wollen. Sie zeigen auf jemanden und ihre ganze Aufmerksamkeit geht über die Spitze ihres Zeigefingers auf einen Schuldigen, auf dessen Vater oder Mutter, auf die Umstände, auf die Gesellschaft, auf das System über. Das sind alles Adressen, die weit, weit weg vom Richtenden sind. Richten ist der raffinierteste Weg zum guten Gewissen. Richten soll die Hände sauber halten. Richter waschen ihre Hände und Füße in Unschuld.

Ich bin gern eine ganze Weile still, wenn ich an die Seite von Menschen trete oder mit ihnen gehen darf. Ich suche nicht nach Schuldigen. Auch das habe ich von Jesus gelernt, der sich darauf konzentrierte, wie im Augenblick der Begegnung die Liebe und der Lebensfunke überspringen kann und »die Herrlichkeit des Herrn offenbar« wird. In solchen Augenblicken lerne ich, zu lehren. In den komplizierten Biografien und verwobenen Geschichten suche ich nach Versöhnungswegen und versteckten Gottesbegegnungen. Versöhnen mit Vater und Mutter, mit Herkunft und Ziel, versöhnen mit einem weit über die Hälfte gelebten Leben – Versöhnungswege sind gefragt wie selten zuvor. Wer eines Tages versöhnt leben und sterben will, muss nach beiden Seiten über den Tellerrand seines eigenen kleinen Lebens fühlen und spüren können. In Frieden ruhen heißt, sich mit Herkunft und Ziel versöhnt zu haben. Versöhnungswege zum Himmelsvater verlaufen oft im Verborgenen. Immer führen sie über andere Menschen und die Begegnungen mit ihnen. Aber enden tun sie alle im Himmel bei einer Gottesbegegnung.

Reiche Leute steigen im Hotel ab. Ein Hoteldiener in schmucker Salzburger Tracht schafft das Gepäck auf die Zimmer. Ein Oberkellner erkundigt sich nicht nur nach den Essenswünschen. Reiche Menschen waren noch nie in meinem Blickfeld. Ich kann sie auch nicht richtig einschätzen. Ich war in der ärmsten Gemeinde meiner Heimat Pfarrer. Da bin ich zu Hause. Da kenne ich mich aus. Ist das Evangelium nicht voll von Armen, die seliggepriesen werden? Ich war doch immer und vor allem für die Armen da. Für die habe ich meine Stiftung gegründet. Was wollen jetzt auf einmal die Reichen von mir? Aber gibt es nicht, wie der Evangelist Lukas schreibt, viele geistlich Arme unter den Reichen? Also Menschen, die ungeachtet ihres Reichtums auf der Suche nach dem Sinn des Lebens, nach Himmel, Sinn und Erfüllung sind? Auf der Suche nach einem liebenden Vater und einer liebenden Mutter?

Von den goldenen Glücksversprechungen der prallen Konten im In- und Ausland ist da und dort wenig übrig geblieben. Aber auch da, wo die Börse nicht alles von heute auf morgen versenkte, ist Nachdenklichkeit eingekehrt. Man liest die Bibel und die Geschichte vom reichen Kornbauern, der in der Nacht alles verlor, vor biografischem Hintergrund und voller Erfahrung. Geld, vermuten die Leute hier, führt zu Geist und Charakter. Das hat ihnen ihre selbst gebastelte Patchworkreligion beigebracht. Aber sie ahnen auch: Alles hat Seele! Schnelles Geld ist so schnell wieder verschwunden, wie es gekommen ist. Das laute, schnelle Geld verführt den Besitzer oft zu einem schrillen, schnellen, lauten, prahlerischen Leben. »Altes« Geld hingegen ist langsam und diskret, scheu und versteckt und ist seinem Besitzer irgendwie treu. Es bleibt gern über Generationen hinweg im Hintergrund, bis vielleicht eine verheerende Inflation oder ein Krieg wieder fast alle von vorne anfangen lässt. Wer mit solchem »alten« Geld umgeht, handelt anders als jene, die schnelles Geld verdient haben.

Würde der Kämmerer aus dem Mohrenland, von dem die Apostelgeschichte berichtet, auch hier in Salzburg absteigen? Ich frage das den jungen Hotelier ungeniert. Da lacht er freiheraus und erzählt, dass die saudische Königsfamilie hier jedes Jahr den Sommer verbringt. Volltreffer! Ich brauche solche witzigen Zeichen des Himmels für meine Entscheidungen. Solche Zeichen sind wie eine spirituelle Resonanz. Und Leute, die jeden Tag mit Geld umgehen müssen, mit dem eigenen, mit dem ihrer Firmen oder mit staatlichem Geld wie der äthiopische Kämmerer, der das Gespräch mit Philippus suchte und sich schließlich von dem Apostel taufen ließ, die gibt es hier zuhauf. Es sind Manager, Minister und Militärs aus Österreich, Deutschland und der Schweiz. Die kuren und kurieren sich hier. Gewicht und Gewichtigkeit machen offenbar so wenig glücklich wie Armut. Das Glück hat mit Geld nichts zu tun. Ich verspreche, einmal im Monat für ein paar Tage vorbeizuschauen, um den Gästen bei der Suche nach ihrer Mitte zu helfen.

So wie sich viele Gäste morgens in ihren weißen Bademänteln auf die Waage stellen, um zu schauen, ob trockenes Brötchen, Gemüsesäfte, Wasser und Joghurt langsam Wirkung zeigen – genauso müssten sie bei mir auf eine unsichtbare Waage steigen, um zu überprüfen, ob auch ihre Seele Abschied von Belastendem nehmen sollte oder schon genommen hat. Körper und Seele: beides gehört zusammen. Trauerarbeit ist angesagt. Und die funktioniert ähnlich wie Fasten: Mit viel Tränenwasser befördert man seelische Schlacken heraus. Das gilt für Arme und Reiche gleichermaßen. Das ist mein Job hier, in diesem Hotel.

Dabei wird es mir nicht um die Wiederentdeckung des Idealgewichtes gehen, sondern um die Wiederentdeckung ihrer

Ideale. Denn die liegen genauso verborgen und verdreckt und versteckt unter dem Zuviel. Und mit der Annäherung an das Idealgewicht kommen auch die Ideale langsam an die Oberfläche des Fühlens und Denkens zurück. Außen und Innen des Lebens stehen in ständiger Korrespondenz. Wieder einmal schickt die Seele den Körper vor, um zu erkunden, ob die Luft rein ist und die Zeit reif für einen Wachstumsschritt. Die Ideale, die jenseits der Lebensmitte auf ihre Wiederentdeckung warten, sind im Grunde dann bei jedem Menschen dieselben. Es geht um das tiefe Wissen darüber, dass nur der endlich gefundene angemessene Platz im Leben die Seele mit Glück erfüllt. Und dieser Raum ist immer da, wo sich Menschen in einer unendlichen Reihe von Generationen sehen oder träumen, in einer Reihe von Menschen, die das Leben weitergereicht und so weiterentwickelt haben, dass es gut ward.

Um recht schnell herauszufinden, was denn die Bindungen und Verbindungen der einzelnen Gäste zu ihren Vorfahren ausmacht, frage ich immer dasselbe: »Wer hat dich gesegnet?« Und ich bitte die Menschen, dass sie nach einem Menschen suchen sollen, der schon verstorben ist. So wird sich das Fenster der Aufmerksamkeit in die andere Wirklichkeit öffnen. Jetzt muss man sich fragen: Wer könnte liebevoll am Fenster des kindlich gedachten Himmels stehen und auf sein Kind oder Enkelkind, auf seinen Schüler oder auf seinen Liebsten schauen? Wer aus der anderen Wirklichkeit liebt mich so, dass er alles, wirklich alles verstehen könnte, was ich hier durchmache? Wer hat mich, traditionell formuliert, gesegnet?

Eine Journalistin, die mich in diesem Kurhotel ein Wochenende lang begleitet, weiß nicht so recht, was sie mit dem Ziel dieser Woche anfangen soll. Was meint das: »Segen aus der anderen Wirklichkeit?« Ich frage sie nach ihren Toten. Oft sind die Großeltern die segnenden Kräfte in ihren Enkelkindern. Während die Eltern eher an dem leiblichen Wohl des Kindes interessiert sind, stehen die Großeltern mit einem Bein schon wieder in der anderen Wirklichkeit, aus der die Enkel gerade erst kamen. Da ist ein märchenhafter Gleichklang der Seelen zu spüren. Und so ist es auch hier. Das erfährt die junge Frau, als sie sich darauf einlässt, ihren linken Arm in die Höhe zu strecken, damit die Großmutter sie an der Hand führe. Als sie den Arm hebt und die Augen schließt, fließen ihr in den Augenblicken der Stille die Tränen. Tränen sind immer ein deutliches Zeichen dafür, dass eine große Liebe und ein großer Schmerz gespürt werden.

Bei Hans Peter Kerkeling wird es nicht anders sein. Er erzählt immer von seiner katholischen Großmutter, bei der er aufgewachsen ist, weil die Mutter früh verstarb. Die Großmutter ist wohl die geistliche Führerin ihres Jungen. Sie ist sein Segen.

Der Segen einer Sechzigjährigen aus dem Hotel ist ihr Vater. Sie ist für ein paar Tage hier hochgereist, um rein zu werden. Auch sie weint und weint, als sie uns erzählt, wie sie Abschied nehmen musste von ihrem geliebten Vater. Dem hat sie, als sie ihn früh, als Mädchen noch, verlor, am Grab versprochen, dass er immer stolz sein werde auf sie. Berufungen oder inszenierte Berufungen am offenen Grab sind schwer zu korrigieren. Sein Werk möchte sie vollenden. Und immer, wenn sie auf gefährlichen Wegen unterwegs ist, finanzielle Risiken eingeht oder zerschlagen ist und voller Trauer, dann klopft sie bei ihrem Vater an. Seine Liebe erfüllt sie. Er hat sie berufen. Sie wird ihm lebenslang dienen. Er ist ihr eigentlicher Mann.

Es sind meistens die Frauen, die um Hilfe rufen. Und so sind es auch meist Frauen, die hier im Kurhotel ihr Leben erneuern wollen. Es ist fast immer die Frau, die in ihrer Sorge zum Arzt geht. Doch sie sorgt sich nicht nur um sich selbst. Sie sorgt für ihre Kinder und ihren Mann. Sie sorgt sich um die Verwandtschaft und Nachbarschaft. Es ist die Frau, die ihren Mann zum Arzt schickt oder sogar begleitet. Frauen suchen leichter Hilfe von außen. Dass das nicht allen Männern recht ist, muss man nicht betonen. Deshalb glaubte ich auch nicht, dass das ältere Ehepaar, das sich bei mir für die nächsten zwei Tage im Hotel angemeldet hatte, tatsächlich meine Aufmerksamkeit haben wollte. Ich vermutete, es sei die Frau, die Hilfe suchte. Der Mann war wohl eher ihr Wachhund. Das war zunächst nur ein Verdacht. Der verstärkte sich aber, als die gesamte Kommunikation mit den beiden nur über den Mann lief. Er beantwortete meine Fragen, die ich seiner Frau stellte. Er beschrieb ihr Leben und er erzählte, wie er sie entdeckt und geliebt und geheiratet hatte. Aber warum waren sie denn dann eigentlich zu mir gekommen? Was wollten sie von mir? Aber auch darauf antwortete der Mann. Seine Frau gehe ihm an seiner Seite ein wie eine Primel und keiner wisse warum. Ich schaute die Frau an. Sie war schön. Ihre Kleidung war dezent. »Altes Geld«, dachte ich. Verglichen mit ihrem Mann war sie recht klein gewachsen. Manchmal sind die ersten Eindrücke sehr zielführend. Der Bauchinstinkt trifft öfter als das Gehirn ins Schwarze. Was hatte der Mann eben gesagt: Seine Frau sei ein Blume und sie ginge ein? Gut! Und wenn ihre Schönheit eher zu einer Orchidee passen würde? Keine Primel, sondern eine Orchidee, die als Aufsitzerpflanze auf einem Baum auf ihrem Mann wächst und blüht? Könnte es sein, dass sie abhängig davon ist, ob ihr Mann ihr Energie vorenthält? So jedenfalls würde sie niemals glücklich. Ein Leben als Aufsitzerpflanze mag für ein paar Jahre oder sogar Jahrzehnte ein gutes Muster für eine Ehe sein. So lange, bis wir jenseits der Lebensmitte über unseren Platz im Leben nachdenken und spüren: Ohne direkten Zugang zum Erdboden bleibt das Leben defizitär. Menschen wachsen nicht auf Menschen. Menschen haben eigene Wurzeln. Und das sind ihre Eltern. Ohne die geht gar nichts. Aber da stach ich hier wohl ins Wespennest. Als ich nach der Mutter fragte, fuhr wieder der Mann dazwischen und erklärte mir, dass wir über die Mutter seiner Frau kein Wort verlieren müssten. Die Schwiegermutter sei vor Jahren gestorben und für sie beide auch ansonsten tot.

Zwei ganze Tage hat es gedauert, bis wir die Mutter seiner armen Frau aus der Jauchegrube seiner Verachtung gezogen hatten. Wir haben auch ein Foto von der Mutter gefunden, das die Frau in ihrer Handtasche vor ihrem Mann wohl verbarg. Und dann hat sie es mit Stolz an ihr Kleid geheftet wie ein Vereinszeichen: Hier gehöre ich hin!

Wie will man denn mit den fortschreitenden Jahren, in denen einem die längst verstorbenen Eltern langsam immer näher kommen und in denen die Besuche auf dem Friedhof sich häufen, Frieden und Gelassenheit finden, wenn man sich vor dieser seelischen Begegnung der ganz anderen Art fürchtet? Abends schlage ich der Ehefrau vor, ganz allein den Berg hinunterzulaufen, um unten auf den fremden Dorffriedhof zu gehen. Es ist schon dunkel und man kann die Schrift auf den Grabsteinen wohl nicht mehr lesen. Ich schlage ihr vor, sich vorzustellen, dass ihre von ihrem Mann verachtete Mutter sie rufe. Die Mutter habe alles im Himmel und in der Hölle in Bewegung gesetzt, um ihre Tochter endlich in ihre Arme zu schließen. Sie habe dafür gesorgt, dass sie hier ins Hotel gekommen seien. Sie habe sie und mich hier zusammengeführt. Und sie warte nun unten neben der Kirche auf sie. Vor irgendeinem scheinbar fremden Grab werde sie mit der Mutter zusammentreffen. Und die Mutter werde sie segnen. So ist es dann auch gekommen.

Radikale Versöhnung ist offenbar das große Thema der in der Mitte des Lebens angekommenen Menschen. Wir sind krank, weil das Ei klüger sein will als das Huhn. Wir sind krank, weil wir so arrogant sind, die tausend Fügungen des Schicksals und ihr Ergebnis nur uns selbst zuzuschreiben. Wir sind krank, weil wir über unsere Eltern richten. Wir sind krank und gekränkt wie eine Blume ohne Energie, weil wir größer sein wollen als unsere Väter und Mütter. Aber jede Krankheit ist im Grunde eine Berufungsreise. Es ist eine religiöse Reise zur Versöhnung mit dem unveränderlichen Schicksal, das mit unserer Geburt und unseren Eltern begonnen hat. Eine ausgetragene Krankheit führt immer direkt zur Versöhnung mit dem eigenen Leben. Das heißt immer auch: mit Vater und Mutter.

Unsere Krankheiten rufen uns und führen uns. Wer auf die Wegmarken dieser abenteuerlichen Reisen achtet, wird wachsen und versöhnt werden.

5. Unser Vater der Versöhnung

Ist Gottes Gottheit mir nicht inniglich gemein,
Wie kann ich dann sein Kind und er mein Vater sein?

Angelus Silesius

»Lasset euch versöhnen mit Gott!« Aber der Weg dahin führt über die Versöhnungen auf der Erde. Versöhnen meint nicht, »sich zu vertragen«, also einen Vertrag zu schließen mit Win-win-Ergebnis. Versöhnung ist die Rückkehr in den Stand des Sohnes beziehungsweise der Tochter unter den Segen des Vaters und der Mutter. Versöhnung ist ein Akt der Unterordnung und Unterwerfung. Es ist ein Akt, Autorität anzuerkennen. Mit ihren archaischen Autoritäten, ihren Eltern, haben Kinder am meisten auszuhalten. Von ihnen haben Kinder aber auch den meisten Segen. Mit ihnen kämpfen Kinder so lange wie der alte Jakob in der Jabbokfurt. Sie kämpfen so lange gegen den Fluch mancher Eltern, bis der ihnen zum Segen wird. Sie lassen die Eltern nicht in Ruhe, bis sie sie segnen. Das ist das biblische Jakob-Programm. Es ist das Programm eines Sohnes, der sich Segen erschleichen wollte und über den Vater meinte triumphieren zu können. Bis ihn der Vater aller Väter in einem Flussbett an der Grenze zu seiner alten Heimat damit konfrontierte. Da ging es ihm wie ein Licht in der Nacht auf, dass er ohne echten Segen nie glücklich und glückserfüllt leben können würde. »Ich lasse dich nicht, du segnest mich denn.« Geschlagen und hinkend kam er glücklich aus dem Kampf seines Lebens.

Wer könnte das in modernen Zeiten besser beschreiben als eine deutsche Künstlerin, die in fast allen Gebieten des modernen Entertainments präsent war. Sängerin, Fernsehstar, Autorin, Moderatorin. Alles! Wer warf sie eigentlich immer wieder aufs Neue vom Karrierepferd? Und wer oder was trieb sie immer wieder in einen anderen Sattel? Die Geschichte ist schnell erzählt. Es war ihre Mutter. Die Mutter »verfluchte« ihre Tochter regelmäßig. Immer wenn sie wieder den Zenit einer neuen Karriere erreichte und immer wenn sie am Boden lag, bekam sie von der Mutter zu hören, dass der Erfolg entweder nicht seriös genug gewesen sei oder dass das nächste Ziel für sie, die Tochter, nie zu erreichen wäre. Der Fluch der Mutter wirkt wie alle Flüche von Eltern. Er lässt eine Unruhe im Herzen der Kinder zurück, die so lange wirkt, wie der Fluch nicht durch Versöhnung zum Segen wird. Da ist ein Kampf fällig. Und der geht auch ohne Tränen und Wunden nicht ab.

Und warum verfluchen Eltern scheinbar unbemerkt ihre Kinder? Das würden sie ja bewusst nie wagen. Zu deutlich scheint die magische Wirkung des Fluchs. Nicht ein Vater und nicht eine Mutter, die vorgeben, an »so etwas« nicht zu glauben, hat sich je auf meine Aufforderung eingelassen, das eigene Kind sozusagen einmal probeweise zu verfluchen. Der magische Rest in unserem Bewusstsein, der so weit wie der Himmel reicht, verbietet es ihnen.

Aber warum tun sie es unbewusst trotzdem? Vielleicht, weil sie das eigene Kind gebrauchen, um Rache zu nehmen. Wenn zum Beispiel der Vater die Mutter nicht so lieben kann, wie es die Mutter braucht und von ihm erwartet. Sein Herz war vielleicht vor der Ehe schon besetzt. Jetzt liebt er stellvertretend und seufzend die Tochter und schürt die Eifersucht der Mutter. Da wird das Mädchen lange um ihre Anerkennung und Liebe kämpfen müssen. So lange wie Jakob zum Beispiel, der seinerseits wiederum der Liebling seiner Mutter war und um die Anerkennung des Vaters rang. Er hat erfahren: Die Zeit für den Segen muss reifen und wachsen. Im beschriebenen Fall bedeutet das: Das Schicksal wird vielleicht den Vater zu sich rufen und die Tochter neu an die Mutter verweisen. Vielleicht schaut sie dann als ältere Frau ganz anders auf die Mutter und versteht ihren Schmerz der Zurückweisung durch den Vater. Wenn sie sich dann, ausgepowert und ohne Groll, unter die Segenshände ihrer Mutter begibt, dann wäre das ein Weg der Versöhnung.

In Frieden und versöhnt alt zu werden, geht eben ohne die Versöhnung mit Vater und Mutter nicht. Kurz jenseits der Lebensmitte brechen diese Konflikte meistens auf. Das Thema Vater und Mutter, die zu ehren sind, damit wir als ihre Kinder auf Erden lange leben, steht auf einmal auf der Tagesordnung. Die Eltern sind alt und brauchen Hilfe. Wenn sie uns nicht geliebt haben, suchen wir ihnen garantiert nicht das richtige Pflegeheim aus. Auge um Auge, Zahn um Zahn, Liebe um Liebe! Pflege um Pflege! Das ist der Deal.

Es ist die Lebenszeit, in der die erwachsenen Kinder mit ihren Kindern zum Friedhof müssen, um Abschied zu nehmen von den Eltern und Großeltern. Es ist die Zeit der nachzutragenden Liebe. Also ist es auch wieder Zeit für mich und meinen Vater, denn ich bin sechzig.

Brief an meinen Vater

Du wolltest nie einen Grabstein. Wir sind immer mal wieder als Großfamilie zum Grab der Großeltern gezogen. Meine Großeltern, das konnte man auf dem Friedhof erkennen, das waren vor allem Deine Eltern und nicht Mutters Eltern. Die Linie der Kraft und des Segens ging über Dich und Deinen Vater. Und da standen wir dann einmal im Jahr an den Karfreitagen vor dem Grab Deines Vaters Wilhelm. Wir hatten einen längeren Spaziergang hinter uns gebracht. Das war so eine Art Familientradition. Und es gibt ein paar Fotos, auf denen die ganze Familie beim Wandern abgebildet ist. Uns Kinder sieht man dort immer mit hängenden Mundwinkeln. Und enden tat unser »Osterspaziergang« immer auf dem Friedhof. Dass dies Deine Art war, Deinen Vater zu besuchen, fällt mir heute erst auf. Er hatte sich aufgeopfert. Hatte mit Schaufel und Hacke dort den Erdboden ausgehoben, wo wir dann unser Haus gebaut haben. Und als er fertig war, starb er unter merkwürdigen Umständen.

An einem Freitag war es, am Ende einer Arbeitswoche. Da ging er die zwei Kilometer durch die kleine Stadt nach Hause, stieg die Stufen in die erste Etage hinauf, fingerte nach dem Wohnungsschlüssel, öffnete die Tür, zog mühevoll die schweren Schuhe von seinen Füßen und ging wortlos durch die warme Stube in sein Schlafzimmer. Die Blicke unserer Großmutter Berta begleiteten ihn, weil er sich mit den dreckigen Arbeitsklamotten auf das Bett setzte. Sein kahler, hagerer Schädel hing müde nach vorne auf seine Brust und er schaute auf den Boden. Und immer noch sprach er kein Wort. Das war nicht ungewöhnlich. Er hatte, als er arbeitslos war, aus Scham, nicht für seine Familie sorgen zu können, über Monate kein Wort gesprochen. Aber jetzt war er nicht nur müde und daher wortlos. Da war in seinen leeren Augen ein Schauen in seine Zukunft. Und als er die kritischen Blicke seiner Frau spürte, die ins Zimmer trat und sich die nassen Hände an der grauen Schürze abwischte, sagte er, dass er heute sterben müsse. Er schaute dabei unsere Großmutter nicht an. Er schaute weiterhin nach unten. Dahin, wo die Toten sind. Die Großmutter drehte sich weg. Aus der Wohnküche kam als knappe Antwort, dass man so schnell nicht stürbe und er sich gefälligst nicht so anstellen solle.

Da zog er sich mühsam die lehmverschmierte Arbeitshose aus und legte sich ungetröstet und halb ausgezogen auf sein Bett. Die Frau verstand ihn nicht, erkannte ihn nicht, hatte mit ihm schon zu viel mitgemacht. Er rief nach seiner jüngsten Tochter. Die solle den einen Kilometer bis ins nächste Gehöft laufen, um den mit dem Großvater befreundeten Imker zu rufen. Und bestellen solle sie ihm, dass es zu Ende gehe mit ihrem Vater und dass der Vater ihm seine Bienenstöcke anvertrauen wolle. So geschah es dann. Das Kind lief voller Angst um den Vater durch den dunklen Oktoberabend. Gegen acht Uhr kam der Imker. Der Großvater lag immer noch halb angezogen, halb ausgezogen in seinem Bett. Die Männer sprachen miteinander und die Frauen lauschten in der Wohnküche nebenan, wo der Herd stand.

Als der Imkerfreund etwas verstört das Haus verlassen hatte, bat der Großvater die Jüngste und seine Frau ins Zimmer, damit sie beide den schwarzen Anzug aus dem Schrank holten. Den schwarzen Anzug und das weiße Hemd und die schwarze Krawatte. Und den Zylinderhut. Jetzt war es der Großmutter endgültig zu viel. »Noch sind die Augäpfel weit vom Hintern entfernt«, soll sie gesagt haben. Das Mädchen war Zeugin. Da schickte mein Großvater Wilhelm seine jüngste Tochter, die zwischen Mutter und Vater hin- und hergerissen war, nach seinem ältesten Sohn. Das warst und bist Du, mein Vater. Er rief nach Dir, Papa! Und was tatest Du? Kaum dass unsere junge Tante bei uns hereingestürmt war und alles erzählt hatte, da ranntest Du so schnell Du konntest Deinem Vater zur Hilfe. Du warst der Einzige, der die Worte Deines Vaters ernst nahm. Du warst mit ihm verbunden. Du warst und bist ein Teil von ihm. Dich traf die Nachricht wie sonst das Schweigen. Du wusstest Bescheid. Du hast ihm dann den schwarzen Anzug aus dem Schrank geholt. Mühsam hast Du Deinem Vater, der im Bett lag, die schwarze Hose angezogen. Immer mit dem ehrfürchtigen Wissen, dass es auf seine letzte große Reise geht. Was bist Du für ein tapferer Sohn! Was bist Du für ein tapferer Vater! Wer will sich an Deiner Liebe messen, mit der Du Deinem Vater wortlos seinen letzten Willen erfüllt hast? Ich kann es nicht.

Das weiße Sonntagshemd hast Du ihm auch noch anziehen können. Aber Du hast es ihm nicht mehr in die Hose stecken können und auch die Hosenträger waren noch nicht über die Schultern gezogen. Großvater hatte sich zurückgelegt und ist mit einem letzten Atemzug an der Hand seines Sohnes und meines Vaters verstorben.

Damals hat der Pfarrer, der Dich und Mutter getraut hat, auch Deinen Vater begraben. Hat er eigentlich gesehen, was da geschehen ist? Dass ein Vater sich für seine Kinder aufgeopfert hatte? Hat er gepredigt, dass das ein grau gewordener Mann mit kurzen Stoppelhaaren auf dem großen Schädel voller stiller Hingabe war, mit einem zweiten Gesicht, das den Tod nicht nur spüren, sondern auch sehen konnte? Wusste der Pastor das? Wochen vorher war Opa schon beim Sargschreiner gewesen, um sich die Holzbretter für seinen Sarg zurückstellen zu lassen.

Und jetzt standen wir am Karfreitagnachmittag vor seinem Grab. Das ist der Tag, an dem schon einmal einer sein Leben für die Seinen gab. Wusstest Du das? Oder war das purer Zufall, dass wir heute da waren? Männer reden nicht gerne über die Liebe. Und so reden sie auch nicht gerne über die Religion der Liebe und darüber, dass die Liebe regiert. Also stehen wir da alle zusammen vor dem Grab unseres Großvaters, der sein Leben gab für unser Haus, in dem wir jetzt wohnen, und schweigen mit dem Verstorbenen über die Liebe. Das Grab hat keinen Grabstein. Da wächst Heidekraut im Herbst und im Frühling stellt die alte Tante, die damals als Mädchen dabei war, als ihr Vater starb, Osterblumen unter die kleine Blautanne. Mehr nicht. Kein Grabstein. Was bleibt, ist die Liebe.

Jahrzehnte später bringen wir Dich, lieber Vater, zu Deinem Vater und legen Dich zu Deinen Vätern. Auch ohne Grabstein. Und ich will auch keinen. Ich bin aus eurem Holz.

Aber als ich einmal ein paar vaterlose, alt gewordene Menschen, die das Leben gelebt hatten, bat, für ihre längst verstorbenen Mütter oder Väter aus einem alten Biberschwanz-Dachziegel einen Grabstein zu machen, da tat ich es ihnen gleich. Der rote Ziegel für meinen Vater steht jetzt in meinem Arbeitszimmer in meinem kleinen Herrgottswinkel. Und geschrieben habe ich auf ihn: »Mein Vater im Himmel, geheiligt werde Dein Name!« Da war und ist kein Unterschied mehr in meinem Herzen.

Jetzt ist die richtige Zeit dafür, radikale Versöhnung zu üben. Mit wem will man das sonst tun, wenn nicht mit den eigenen Eltern? Jetzt ist es Zeit, wahrzunehmen, dass unsere Eltern uns das Leben geschenkt haben. Und nicht nur wahrzunehmen, in welchem Zustand das Leben war und ist, das sie uns geschenkt haben. Wie wollen wir gelassen ins Gebirge unseres Lebens steigen, wenn uns oben ein Vater im Himmel erwartet, mit dem wir uns nicht versöhnt haben? Oder auch ein leiblicher Vater, mit dem wir uns nicht versöhnen konnten? Es wird keine gelassene Versöhnungsreise werden. Es wird hart und verhärtet enden, das Leben! Die Kinder werden dann einen Bogen machen um den verbitterten Alten, der nicht sehen kann, dass alles gut wird und dass der Vater im Himmel die Sonne aufgehen ließ über Gute und Böse gleichermaßen.

Solche Verhärtung kommt nicht erst im Alter. Gottes- und Vätervergiftungen kann man ein Leben lang vorher beobachten. Da ist der Mann um die vierzig, der mir erzählt, dass er Angst vor dem Sterben habe. Und als ich etwas keck frage, woher denn die Angst käme, er wisse doch gar nicht, was das sei, das Sterben, da verändert er den Fokus seiner Angst und sagt, dass er Angst vor Gott habe. Aber den kenne er doch auch nicht, antworte ich. Woher also die Angst? Im Laufe des Gespräches stellt sich heraus, dass er weder Angst vor dem Sterben noch vor Gott hat. Er hat Angst, im Tode seinem Vater wieder zu begegnen, der ihn als Kind windelweich geschlagen hatte.

Als ich den Mann so anschaue, sehe ich, dass er allein geblieben ist in seinem Leben. Die Hose hat Hochwasser. Die Socken sind zu kurz und verwaschen. Da ist keine Frau, keine Pflege, keine Geduld, die Dinge zu ordnen. Auch das Gesicht ist ungepflegt. Die Kinder, die auf der Straße spielen, werden bald schon einen Bogen um ihn machen.

Mein Rat ist immer der gleiche, nämlich den gefürchteten Vater schrumpfen zu lassen zu einem Jungen von etwa acht, neun Jahren und sich mit ihm zu verabreden und mit ihm zu spielen und ihn lieben zu lernen. Dann wird man sehen, vor wem sich der eigene Vater schon als Kind fürchtete und dass er seinen Sohn nur stellvertretend schlug.

Versöhnung ist das große Thema jenseits der Lebensmitte. Das Leben ist halb um und steht auf sechs Uhr. Jenseits der Lebensmitte geht es wieder nach Hause und Vater und Mutter kommen in den Blick. Aber über ihre Mutter wollte eine Frau, die im Hotel den Kontakt zu mir gesucht hatte, nicht mit mir sprechen. Über den Vater wohl. Der war gestorben, als sie selbst elf Jahre alt war, und hatte als letzte Worte zu seinen Kindern gesagt: »Geht weg, ihr belügt mich doch auch nur!« Dann war er gestorben. Als kleines Mädchen hatte sie nicht gewusst, was der Vater damals meinte. Sie hatte nur gespürt, dass es mit Mutter zusammenhängen musste, die die Kinder zum Abschiednehmen ins Sterbezimmer des Vaters gedrängt hatte. Später, als sie groß war, erfuhr sie, dass die Mutter den Vater mit vielen Männern betrogen hatte. Das hatte dem Vater wohl das Herz gebrochen, sodass er von keinem Menschen mehr etwas wissen und sich zu den Seinen legen wollte. Auch von den eigenen Kindern wollte er sich lösen.

Seit die Tochter das wusste, stand sie an der Seite des Vaters, auch als er schon lange tot war. Über die Mutter sprach sie aber kein Wort! Obwohl sie noch lebt! Die heranwachsende Frau wurde immer »männlicher«. Sie leitet mittlerweile ein Unternehmen, schultert ihr Gewehr, wenn es auf die Jagd geht, kaut Kaugummi, die Stimme ist dunkel und rau und sie denkt nicht daran, einen BH zu tragen. Einen Mann an ihrer Seite? Wofür? Kinder hat sie keine.

Ich frage sie nach der Mutter. Schließlich sagt das vierte Gebot, dass man nicht nur den Vater, sondern auch die Mutter ehren soll, wenn man denn gütig und alt werden will auf dieser Welt. Aber über die Mutter spricht sie nicht. Da erzähle ich ihr die wahre Geschichte von der Ehefrau eines evangelischen Bischofs. Das war vor fast hundert Jahren. Während ihr frommer Mann im Preußischen ins Bischofsamt ging, empfing sie immer wieder Soldaten und Offiziere aus der nahen Kaserne. Als ihr Sohn später davon erfuhr, konnte er es nicht fassen. Aber ihm war nicht nach Richten und Urteilen. Er liebte seine Mutter. Und weil die Liebe alles erduldet und erleidet, kam er ins Grübeln. Es musste doch einen nachvollziehbaren Grund für die Ausschweifungen der Mutter geben. Sie stammte doch aus einem frommen Hause, das seit 400 Jahren immer wieder Pfarrer hervorgebracht hatte, zurückzuführen bis auf den großen Reformator Philipp Melanchthon. Konnte es vielleicht sein, dass diese frommen Leute über die Jahrhunderte allzu sinnenfeindlich gewesen waren und die lebenslustige Mutter am Ende alles ausbaden musste, was Generationen vor ihr an Liebe und Sexualität versäumt hatten? Wer so auf seine Eltern schaut, schaut in Liebe auf sie. Was dieser Theologensohn konnte – liebevoll auf seine Mutter schauen –, das sollte der

Frau, die ihren Vater mehr und mehr imitiert, auch gelingen. Wie will sie eine Frau sein, wenn ihr der Segen der eigenen Mutter so egal ist?

Oder soll ich ihr noch von Amon Göth erzählen, dem Kommandanten des Konzentrationslagers, aus dem Oskar Schindler mehr als tausend Juden errettete? Göth ist die menschliche Bestie, die morgens aus dem Ehebett steigt, die Hose anzieht und die Hosenträger über das lange weiße Unterhemd streift und dann das Gewehr von der Wand nimmt und auf den Balkon geht, um Juden zu erschießen. Jeder kennt diese Bilder aus dem Spielberg-Film. Ich kenne die Tochter von Amon Göth. Hat sie ein Recht, ihren Vater zu lieben, den alle Welt hasst und der für seine Taten hingerichtet wurde? Ja, das hat sie. Sie hat das Recht dazu, ihren Vater zu lieben, wie alle Kinder das Recht haben, ihren Vater und ihre Mutter zu lieben. Sie liebt ihren Vater auf unnachahmliche Weise. Sie lebt heute in Israel unter Juden und versucht gutzumachen, was ihr Vater zerstörte.

Sich mit den Eltern zu versöhnen hat etwas mit Mystik zu tun. Sich mit den Eltern zu versöhnen ist etwas anderes als sich mit den Geschwistern zu vertragen. Im Grunde ist es der Unterschied zwischen Mystik und Ethik. Die Mystik ist das Feld der Liebe, auf dem man sich mit seinem Woher und Wozu beschäftigt, um sich damit zu versöhnen. Die Ethik ist das Feld der geschwisterlichen Verträge und Nächstenliebe. Das eine Gebot steht dem anderen nicht nach, lehrt Jesus einen klugen frommen Pharisäer. Es ist aber nicht dasselbe. Der Vertrag mit den Geschwistern orientiert sich schlicht an einer bekannten alttestamentlichen Szene, zu finden beim weisen Prediger Kohelet. Dort heißt es, dass wir aufeinander achten müssen, damit keiner in ein Loch fällt. Fällt er aber trotzdem, holen wir ihn heraus. Zwei sind also besser dran als einer.

Noch besser aber ist »ein dreifaches Band«. So sieht ein Vertrag unter den Geschwistern aus. Es ist ein auf Ausgleich und Solidarität und Brüderlichkeit gegründeter Vertrag von Geben und Nehmen und Aufeinander-Achten. Anders ist es mit den Eltern. Sie erziehen ihre Kinder nicht gleich. Sie haben ein anderes Maß. Jedes ihrer Kinder wird anders erzogen. Das spüren die Kinder wohl. Und es ist eine weitere oft entscheidende Hürde, sich mit den Eltern versöhnen oder nicht versöhnen zu können.

Wie sollen sich denn die elf Söhne Jakobs mit ihrem Vater versöhnen, wenn er den zwölften, Josef, offensichtlich vorzieht? Josef bekommt die schönsten Kleider, hat kaum Herdendienst bei den Schafen und Ziegen, stinkt also nicht so scharf nach Ziegen und geht zu allem Überfluss zu seinen Brüdern hinaus aufs Feld, um ihnen seinen neuen Rock zu zeigen, den der Vater ihm schenkte. Und dann erzählt er den Brüdern auch noch seine Träume, die allesamt davon handeln, dass er, Josef, vom Vater und vom Schicksal, von Gott also, ausgesucht und bevorzugt ist. Das können die elf Brüder nicht akzeptieren. So wenig wie heutzutage ganze Klassengemeinschaften akzeptieren können, dass einer der Liebling des Lehrers oder des Trainers ist. Sie versuchen damals wie heute den Liebling der Götter zu töten. Manchmal gelingt ihnen das. Manchmal ist der Liebling des Vaters aber auch wirklich der Liebling der Götter. Da gelingt es ihnen nicht. Die Josefsgeschichte schrammt haarscharf am Mord vorbei. Aber Versöhnung? Wie sollen die Brüder sich mit einem Vater versöhnen, der in einem der Ihren sich selber liebt?

Wir haben auch weltgeschichtlich und politisch dieses Problem. Die Völker dieser Welt erleben sich als Brudervölker. Und sie können nicht akzeptieren, dass sich ein Brudervolk über das andere erhebt, gleichgültig mit welcher spirituellen

Begründung. Wir können oft nicht akzeptieren, dass die »Kinder Israels« Gottes ausgesuchte Kinder sind. Wir versuchten sie zu töten und da und dort wird es auch immer und immer wieder versucht. Am Ende wird es nicht gelingen. Denn es ist der Wille des Vaters. Wir werden uns mit dem Himmelsvater versöhnen müssen, ohne uns mit den Kindern Israels auf einer Stufe zu fühlen. Dieses Wissen ist das alte Wissen Israels. Es taucht schon in der Urgeschichte auf, wo der von Gott ausgesuchte und geliebte Abel, der mit ähnlichen Gaben beschrieben wird wie Josef, von seinem Bruder Kain aus Eifersucht getötet wird. Der Bruder Kain kann die Bevorzugung des Bruders Abel nicht ertragen. Das gehört zum »Traumwissen« Israels. Und wo das Wissen in schon historische Bahnen fließt, wiederholt sich das Motiv in der Josefsgeschichte. Israel weiß von Anfang an um das Drama des ausgesuchten Kindes.

»Ausgesucht sein« kann auch eine Form des Missbrauchs sein. Wie auch Missbrauch eine Form des Ausgesuchtseins bedeuten kann. Da verschärft sich das Problem. Werden sich »missbrauchte« Kinder je mit ihren Vätern und Müttern versöhnen können? Sie werden es müssen! Sie haben nur dieses eine Leben. Und wir sind gerufen, ihnen darin beizustehen. Was soll denn aus den Kindern des Josef Fritzl aus Österreich werden, die er mit seiner eigenen Tochter über zwanzig Jahre im Keller seines eigenen Hauses zeugte? Die Öffentlichkeit übt sich in entsetzter Abscheu. Aber das ist kein Weg fürs Leben.

Der Weg, den diese Kinder zur Versöhnung gehen müssen, steht schon wie eine Skizze auf der Landkarte des Lebens. Es ist ein Entwurf, der Jahre umfasst, bis er ins richtige Leben eingetragen worden ist. Aber die Stationen, die die Kinder gehen müssen, liegen schon fest. Mit einem Vater, den sie nur verachten können, wird ihr Leben schwer – wenn überhaupt –

gelingen. Aber vielleicht finden sie nach Jahren der Verachtung und des Einstimmens in die Verachtung der anderen doch auch ihren je eigenen Ton. Und der könnte den Vater dann zumindest für Momente auch einmal als kleinen Jungen sehen, der erleben muss, dass sein Vater wiederum mit anderen Frauen aus der Nachbarschaft fremdgeht und Kinder zeugt und von seiner eigenen Frau erwartet, dass sie diese Kinder als seine Kinder in das gemeinsame Haus aufnimmt. Warum hat das ihr Vater seinem Vater auf diese brutale Weise nachgemacht? Und sie werden lesen können, dass Missbrauchsopfer selbst in großer Gefahr sind, diesen erlebten Missbrauch weiterzugeben: Sie können dem Druck oft nicht standhalten.

Kann diese Sicht eines Tages dafür ausreichen, an die Seite des Vaters zu rücken und sich ihm für Momente verbunden zu fühlen: »Wir beide!«? Kann das ausreichen, um diese »Schuld« des Vaters mit aus dem Gefängnis zu nehmen und sie kindlich fromm wie Don Camillo dem Vatergott im Himmel vor die Füße zu legen? Der versprach doch, alle Schuld auf sich zu nehmen. Es ist der Gott, das Schicksal, die Ordnung und nicht nur der leibliche Vater! Gottvater ist im Grunde schuld und nicht der leibliche Vater! Mit ihm muss man sich auseinandersetzen. Er ist die Kraft, die im Großvater schon wirkte und dann im Vater und jetzt in den Kindern. Es wird ein abenteuerlicher Weg für die Kinder. Aber vor und auf dieser Reise brauchen sie vor allem unseren Segen, auf den Vater zuzugehen.

Solche Fritzlgeschichten gibt es landauf, landab. Wieder muss ich mich mit so einem Missbrauchsfall beschäftigen! Ich ahne, dass die Dunkelziffer von Kindern, die durch ihre Eltern missbraucht wurden, extrem hoch ist. Für ein Kind, das von einem Fremden missbraucht worden ist, ist es schon extrem schwer, davon loszukommen. Und ich weiß, wovon ich spreche. Und ich weiß, wie lange und verborgen sich dieser Schmerz in die Seele fressen kann. Aber wie schwer muss es erst für Kinder sein, die von Vater oder Mutter missbraucht wurden. Einen Fremden kann man ja mit allem Hass und aller Angst und aller Wut aus seinem Leben zu vertreiben suchen. Das ist ein möglicher Weg, damit fertig zu werden.

Aber was macht man mit Vater oder Mutter? Das ist eine Tragödie! Das ist immer eine Geschichte, wo die ganze Liebe und der ganze Hass und der Todeswunsch in ein Kinderherz passen soll. Gibt man der Liebe nach, dann nisten sich die Missbrauchseltern immer tiefer in die Seele des Kindes ein. Gibt man dem Hass, der Angst und dem Vernichtungswillen nach, dann sägt ein Kind immer auch an seiner eigenen Herkunft. Es legt die Axt an die eigene Seele.

Mit diesen Gedanken steige ich in den Zug zum Bodensee. Eine Familie hat mich gerufen, in der der Vater sich an den Kindern verging. Das kann kein Richter wieder geradebiegen und richten. Da gibt es keine rasche Entschuldigung. Da gibt es meiner Erfahrung nach immer nur einen Weg: Zuerst weglaufen! Bloß weg vom Vater! Egal wie! Und alles daransetzen, unter neuem Schutz wieder angstfreier atmen zu können. Dabei können viele helfen. Das dauert meist Jahre.

Aber irgendwann ist der Tag gekommen, wo sich das damals kindliche Opfer umdrehen muss. Es kann nicht immer nur weglaufen. Wenn es stark genug geworden ist, kann es sich mit Trost und Unterstützung ansehen, was da passiert ist. Und es kann sogar vorsichtig den Vater anschauen. Einige Seiten von ihm sind dem Kind allzu schmerzhaft bekannt. Es sind die Seiten des Täters. Aber es gibt auch ein paar unbekannte Seiten des Vaters. Und da zeigt sich oft, dass auch er einmal ein Opfer war, das nie den Mut und die Gelegenheit hatte, sich umzuschauen. Das Leben der Menschen hat eben auch eine Art physikalische Gesetzmäßigkeit. Der Druck des Lebens, der von einer Seite mit aller Macht auf einen Menschen eindringt, wird oft weitergegeben, damit man sich nicht erschüttert zeigen muss. Alles scheint »im grünen Bereich« und doch hat man gerade die größte Gewalt durchleben müssen. Ein Blick auf den in dieser Weise erschütterten Vater führt immer zum Vater aller Väter, der das zugelassen hat. Da ist es schwer, Kind zu bleiben und wieder Kind zu werden.

Ich will hier für die vaterlosen Kinder in der vaterlosen Gesellschaft einen Pilgerweg des Herzens entwerfen. Einen Weg, auf dem sie ihren verlorenen Vätern oder Müttern und durch sie hindurch und darüber hinaus Mutter Erde und Vater Himmel begegnen können.

Wo beginnt der Weg zum Vater? Wo beginnt der Weg in den Himmel? Wo beginnt das Leben? Es beginnt immer im eigenen Herzen!

6. Mit dem Herzen gehen

Die Seele sitzt im Herzen wie in einem Haus.
Ihre Gedanken schickt sie wie durch eine Tür ein und aus.
Erwägt hin und her, als wenn sie durch ein Fenster schaute.

Hildegard von Bingen

All die vielen Gottesbesitzer mit ihren ganz unterschiedlichen Göttern sind mir unheimlich. Sich im Besitz der Wahrheit wähnend, wissen sie scheinbar, wer die Welt regiert. Sie wissen auch, wer die Welt warum untergehen lässt und wer sie Sekunden vor dem Untergang all der bösen anderen doch erretten und in den Himmel tragen wird. Ich aber weiß es nicht. Ich ahne es eher. Im Grunde geben die Gottesbesitzer vor, etwas zu besitzen, was man nicht besitzen kann. Sie geben mit oft großen Gesten und Ritualen vor, über etwas zu verfügen, über das man nicht verfügen kann. Ein Mensch kann keinen Gott besitzen. Und selbst ein Prophet hat keinen Gott. Ein Kind verfügt nicht über seine Eltern. Wir sind allemal zu klein. Unser vertrautes »Halleluja«, das fremde »Allahu Akbar« und das stetige Echo des »Om mani padme hum« sind mir oft zu laut. Da spüre ich oft weniger »Amen« als ein großes »Hurra!«.

Das ist es aber nicht allein. Ich habe mit den Gottesbesitzern auch meine persönlichen bösen und bitteren Erfahrungen gemacht. Immer wenn die Gottesbesitzer mich sehen, dann schreien sie mich an, als ob ich Aussatz hätte. Als ob sie den Rest der reinen, unschuldigen Menschheit durch ihr Geschrei vor mir warnen müssten und als ob ich so von den Reinen weggejagt werden müsste! Vielleicht haben die Gottesbesitzer ja viel größere Probleme mit dem Glauben als ich, die sie damit überschreien?

Über das Verschreien der Gottsucher könnte Jesus viele Erfahrungen beisteuern und Weises sagen. Die Gebete der Gottesbesitzer sind oft voll von Worten und bemerkenswert distanzlos. Laut sind sie, als gelte es, auf der magischen Ebene etwas zu beschwören, das sonst und ohne ihre lauten Gebete nicht da wäre. Ihre Gebete erscheinen mir wie herausgeputzte geistliche Potemkinsche Dörfer, hinter deren Fassade dann doch kein Gott auf uns alle wartet. Wie viele solcher Gotteskinder habe ich schon in ihren Schmerzens- und Todestälern schreien hören, dass da kein Gott sei! Auf einmal war der Gott der Gottesbesitzer bar jeder Macht und Hilfe. Und all ihre Dampfgebete und ihr Weihrauch stanken und stinken schon seit den Zeiten des Propheten Amos zum Himmel. Daran leide ich. Also wo soll ich weitersuchen nach Gott?

Da kommt die Parole des letzten Jahrhunderts, dass Gott tot sei, pünktlich daher. Er ist wohl in dem Augenblick gestorben, da unsere Ahnen auch für uns gestorben sind. Statt dass wir wie früher über die Friedhöfe in die Kirche gehen, immer entlang der Gräber unserer Väter und Mütter, um endlich zum Vater aller Väter in die Kirche zu gelangen und vor ihm als sein Kind auf die Knie zu gehen, laden wir unsere Verstorbenen heute in kalten Aussegnungshallen auf billigem Baugrund am Rand unserer Wahrnehmung ab. Ein Zeichen kalter Herzen. Wo die Verstorbenen von den Lebenden für tot erklärt werden, wartet der Gott nicht lange, ihnen zu folgen. Gott ist auch tot. Er ist bei den Toten. Er hat sich zurückgezogen. Er greift nicht mehr ein. Er zeigt sich nicht. Nur unsere Seelen nehmen ihn noch genau dort wahr, wo wir auch unsere Ahnen und Verstorbenen wahrnehmen und verorten. Sie kommen doch bekanntlich alle, alle in den Himmel, oder? Unsere Toten sind beim toten Gott und beim Gott der Toten. Aber sie leben dort und wirken auf uns aus ihrer anderen Wirklichkeit. Wir werden vom Friedhof aus regiert.

Das macht der tote Gott nicht anders. Die andere Wirklichkeit, wie Meister Eckhart den Himmel nennt, wirkt. Tot ist nicht tot. Und wenn wir dem toten lebendigen Gott je wieder begegnen wollen, dann ist der Weg über unsere Ahnen der einzig richtige. Unsere Ahnen weisen den Weg. Das war bei aller frommen Polemik gegen die Totenkulte schon im Alten Testament so. Wir verehren doch den Gott Abrahams, Isaaks und den Gott Jakobs. Also den Gott unserer Ahnen und Vorfahren, die zu diesem Gott heimgegangen waren oder sogar von dort wiederkommen sollen wie Elia, der Prophet. Viele dieser Geschichten nennen wir im Theologenjargon »Vätergeschichten«. Immer musste die fromme Seele über die Ahnen reisen, um zu ihrem Gott zu kommen. Und an den Gräbern Abrahams, Isaaks und Jakobs versammelt sich bis auf den heutigen Tag das fromme Israel, um dort ihrem Gott nahe zu sein. Die Geschichten unserer Religionsväter sind für mich wie Wegmarken, damit man im Unsichtbaren den Weg zum Vatergott nicht verfehle. Und wenn wir einst gestorben sein werden, so tröstet uns unsere Seele, werden wir diese großen Glaubensväter wiedersehen.

Den ersten Impuls, den toten Gott bei den Toten zu suchen, bekam ich als Dorfpfarrer in den Trauerfeiern. Da konnte die kleine Dorfkirche noch so voll sein, die Menschen schauten, wenn ich hoch auf die Kanzel stieg, nicht nach oben. Oben war es nicht spannend. Von oben erwarteten sie nichts. Sie schauten mit gefalteten Händen sitzend oder stehend immer nur nach unten. Das konnte keine Scham über verstohlene Tränen sein, die niemand sehen sollte. Die Trauernden waren nicht alle gleichermaßen erschüttert. Sie schauten mit offenen Augen auf etwas, das sie nicht sahen. Und doch wurden sie davon bestimmt und angezogen.

Im Laufe der Jahre habe ich mir dann angewöhnt, nicht mehr auf die Kanzel zu steigen. Warum auch? Sollte ich die

Trauernden vom Hinabsehen ablenken oder begleiten? Ich habe mich an der Aufmerksamkeit der Gemeinde orientiert. Da sie auf den Sarg schauten, bin ich zum Sarg gegangen. Den Rücken zu der Gemeinde. Da war schon etwas zu spüren. Ich habe dann irgendwann den Mut gefasst, mich vor den Sarg zu knien. Da wurde es totenstill. Ich habe kein Wort gesagt. Ich habe stumm gebetet und mit Gott und dem Verstorbenen gesprochen, um sein Einverständnis dafür einzuholen, dass ich ihn begrabe. Auf einmal war ich spürbar mitten in der Aufmerksamkeit der Trauergemeinde. Sie spürten offenbar, was sich da tat. Sie verfolgten alle meine Bewegungen. Es dauerte noch eine Zeit, bevor ich es wagte, länger in dieser Aufmerksamkeit zu bleiben und nicht mehr an den alten Platz vor dem Altar zurückzukehren.

Dann ging ich einen Schritt weiter. Ich wollte den Ort der Kraft nicht mehr verlassen. Ich war auf Augenhöhe mit dem Toten. Ich blieb einfach bei ihm sitzen. Vom Sargende aus sprach ich zu den Hinterbliebenen. Von hier aus fand ich auf einmal Worte für die großen Fragen der Trauernden: »Warum? Wozu? Warum jetzt? Warum nicht ich?« Ich suchte und fand: Ja, Gott antwortet. Der Gott der Toten ist auch ein Gott der Lebenden.

Nein, Gott ist nicht tot. Die Gottesbesitzer allerdings sind zu versteinert und festgetreten, um dort zu suchen, wo Gott immer war, bei den Verstorbenen, auf dem Friedhof, in den Sterbezimmern und Träumen. Sie haben verlernt, ihren großen Gefühlen zu trauen. Vielleicht auch, weil es Instanzen und Institutionen gibt, denen diese großen Gefühle nicht passen. Gefühle behindern Hierarchien. Ein trauerndes Herz steht den Mächtigen nicht mehr so zur Verfügung.

Die Gottsucher aller Farben, Zeiten, Richtungen und Traditionen sind mir Heimat. Wo immer sie leben und welche

Worte sie auch immer benutzen, sind sie mir lieb und vertraut. Sie suchen die Stille und in der Stille lauschen sie. Wach liegen sie in ihren Nächten und durchforschen die Tage. Sie sehen in ihren Träumen und schauen, ob sie auf gutem Wege sind. Und wenn der Morgen heraufzieht, begrüßen sie ihn meditierend und lassen sich von den Vögeln zum Aufbruch drängen. Ein neuer Tag!

Wach' auf, es nahet gen den Tag,
ich hör' singen im grünen Hag
ein' wonnigliche Nachtigall,
ihr' Stimm' durchdringet Berg und Tal;
die Nacht neigt sich zum Okzident,
der Tag geht auf von Orient,
die rotbrünstige Morgenröt'
her durch die trüben Wolken geht.

Hans Sachs

Zu den Gottsuchern will ich mich setzen. Mit ihnen will ich meine Psalmen zu singen versuchen. Bei Hiob will ich sitzen, der Gott verloren hat und ihn vor Gericht zerren will. Bei den Müttern der toten Kinder will ich sitzen, die ihrem Leben ein Ende setzen wollen, um ihren Kindern nachzusteigen in die Dunkelheiten, um dort vielleicht einen Gott zu finden, der sie tröstet. Bei den Sterbenden will ich sitzen und lauschen, was sie wissen und erfahren haben vom unsichtbaren, unbekannten und doch vielleicht offenbar gewordenen Gott.

Wo aber sollen wir Gott suchen? Aber wo sollen wir Gott finden? Wenn es denn einen Gott gibt, dann muss es doch auch einen Ort geben, wo wir ihn finden könnten? Wenigstens eine

Spur von ihm wie den Saum seines Mantels, einen kleinen Teil eines unendlich Großen muss es doch geben! Lasst uns aufbrechen und gehen! Wo ist er, der heilige, magische Ort, den man nicht betreten kann, ohne niederzuknien und wenigstens die Schuhe auszuziehen? Wo ist der Ort, an dem der Fels das Wasser gebiert und das Feuer nichts verbrennt? Wenn es am Ende des Meeres wäre oder auf den Bergen, von welchen mir Hilfe kommt, wäre ER dann nur dort und sonst nirgends? Das kann nicht sein. Er wäre nicht das, was wir suchen und nach dem unser Herz brennt. Aber wenn die geografischen und dann auch kosmischen Orte ausgeschlossen sind, wo gibt es ihn denn dann? Wo sollen wir Gott suchen?

Wo soll der Ort Gottes denn sein, wenn nicht in unseren brennenden Herzen? »Wird Christus tausendmal zu Bethlehem geborn, und nicht in dir; du bleibst noch ewiglich verlorn«, lehrte Angelus Silesius. Das Herz ist seit alters her der mythische Sitz der Liebe und der Ort der großen Gefühle. Es schlägt laut und will schier platzen, wenn wir lieben, und es schlägt an, wenn wir uns fürchten. In unseren Herzen müssen wir suchen, wenn wir Gott finden wollen. Sonst nirgendwo!

Gott residiert nicht in den Kirchen und Domen. Er braucht keine Dome. Und das aus einfachen Gründen: Was würde sonst aus all den lieben Menschen, die nie einen Dom betreten können? Sie würden ihrem Gott nie begegnen und könnten sich ihm nie nähern. Was würde aus all den Menschen, die nie einen Schritt in eine Kirche, eine Moschee oder eine Synagoge oder einen Aschram tun können, die nie an einem heiligen Feuer saßen und nie in Mekka vorbeischauten? All die vielen Menschen, die nie die heiligen Stätten erblickten! Sie wären für die größte aller Liebesbegegnungen verloren, in der das Menschenkind seinem Schöpfer begegnet wie der verlorene Sohn dem Vater.

Gott wohnt auch nicht in den heiligen Schriften der Menschen. Er wohnt weder in der jüdischen Tora noch im christlichen Neuen Testament noch im muslimischen Koran, weder in der vedischen Bhagavad-Gita noch im indianischen Popol Vuh noch in den Weisheitssprüchen des Laotse. Ganz gleich, für wie »heilig« wir diese Schriften halten und mit wie viel Respekt wir ihnen begegnen: In den alten heiligen Büchern und Überlieferungen werden wir ihn genauso wenig finden wie in den Klöstern, Domen und Kapellen. Denn wenn er in der Schrift wohnen würde, was würde aus den Menschen, die nie zu lesen in der Lage waren und es nie sein werden? Nein, der Gott der Menschen, den wir suchen und finden wollen, muss da wohnen, wohin alle Menschen umstandslos und ohne Aufwand reisen können. Es muss eine Begegnung der anderen Art sein, weit, weit weg und ganz, ganz nah.

Deus caritas est! Der Gott der Liebe und der Gott der Herzen wohnt in den Herzen. Wo Herz draufsteht, ist Gott drin – die Liebe schlechthin. Das müssen wir erneut in den Blick nehmen, wenn wir über Gott und den Weg zu ihm schreiben und reden wollen. All die heiligen Schriften und heiligen Plätze stehen mit ihren Weisheiten in mystischer Resonanz mit meinem schlagenden, fühlenden Herzen. Die heiligen Stätten und Schriften leben von den Herzen der Gläubigen. Von ihnen leihen sie sich ihre hohe spirituelle Kraft. Und von ihnen strahlt es wiederum in die Herzen der Menschen zurück. Mehr nicht – aber auch nicht weniger!

Seit jeher ist die spirituelle Mitte des Menschen das Herz. Es war immer mehr als eine schlichte treue Pumpe, die im Laufe eines Menschenlebens drei Öltanker voll Blut im Körper eines Menschen kreisen lässt. Das Herz war immer das Sinnfindungszentrum der Menschen. Es ist die Antenne, mit der man die Liebe und die Lieblosigkeit aufspüren kann. Mal schmerzt es in der Brust, mal bricht das Herz, mal schlägt es für die Liebe. Das Herz ist der Ort, an dem man die Sehnsucht nach der anderen Wirklichkeit am deutlichsten spüren kann. Das Herz weist in die Heimat und zum Lebenssinn. Liebe ist der Sinn des Lebens. Und der Sinn ist Liebe. Ruhig wird es immer erst, wenn das kleine Menschenherz mit dem großen Herzen des Universums stimmig wird. Das Herz ist nach alter Vorstellung nicht nur das Zentrum des Blutkreislaufs, sondern auch das Zentrum des menschlichen Kosmos.

Als der islamische Mystiker Rumi von langer Pilgerreise wieder nach Hause kam, hat er diese Erfahrung in folgende Sätze gekleidet: »Ich habe die ganze Welt auf der Suche nach Gott durchwandert und ihn nirgends gefunden. Als ich wieder nach Hause kam, sah ich ihn an der Türe meines Herzens stehen. Und er sprach zu mir: Hier warte ich auf dich seit Ewigkeiten!«

Juri Gagarin, der als erster Mensch in den Orbit geschossen wurde und die Erde in einer Raumkapsel umrundete, und andere Astronauten haben sich lange genug über uns und unseren verlorenen Vater im Himmel lustig gemacht und gespottet, dass der als »Vater im Himmel« angebetete Gott am Ende doch nicht im Himmel war. »Den Himmel überlassen wir den Engeln und den Spatzen.« Diese Provokation Heinrich Heines hatten die Astronauten mit eigenen Augen überprüft. Spatzen gab es – sonst nichts.

Andere Wissenschaftler haben Gott im Herzen gesucht. Mit überheblichem Schmunzeln behaupten Herzspezialisten, dass Gott auch nicht in den Herzkammern zu finden ist. Und all den ungezählten und ungenannten Gottsuchern, die Gott unter ihren Mikroskopen und in ihren Begriffen, in den Zellen und Atomen nicht finden konnten, sei gesagt: Wir können

Gott nur im Selbstversuch finden. Selbstversuche sind nicht objektiv. Sie sind ganz und gar unwissenschaftlich. Selbstversuche sind verpönt. Deswegen greift man lieber auf die vermeintlich objektiven Ergebnisse von Studien zurück. Das ist nicht so gefährlich.

Aber wenn wir nun wie in einem Präparierkurs für angehende Mediziner in unseren leeren Herzmuskeln nach Gott suchen, wonach suchen wir denn da wirklich? Wir fragen uns: Was lässt das Herz so schlagen? Mit schlagendem Herzen suchen wir nach etwas Unsichtbarem, das von außen unser Herz bewegt. »Extra nos« – von außen! Wir suchen nach der Liebe aller Lieben, nach dem Wesentlichen der Wesen, nach der Seele aller Seelen, nach dem Geist aller Geister, nach dem Ganzen aller Teile, nach dem Nichts allen Nichts. Wir suchen mit unserem Wesen nach dem Wesentlichen. »Intra nos« – in uns!

Wonach schaut denn unser ganzes Wesen, wenn es Ausschau hält nach dem Unsichtbaren? Wir sollten die Augen schließen, um es besser zu finden. Denn wer nicht sieht, kann spüren. Um Gott zu finden, brauchen wir unser Gespür für Gott. Gespür aber ist ein Gefühl, das ohne unsere fünf Sinne daherkommt. Nach welchem Gefühl also suchen wir? In unseren Herzen wohnt so manches fremde, große, wilde Unbekannte. Da wohnt der Schmerz gleich neben der Liebe und die Selbstkasteiung gleich neben der Hingabe. Woran sollen wir Gott erkennen und in welchem Gefühl? Was haben wir zum Zeichen? Wonach spüren wir genau in der Herzgegend? Suchen wir nach etwas Neuem, das uns noch nie begegnet ist und das wir nur schwer identifizieren könnten? Oder suchen wir nach etwas Altem, fast Heimatlichem? Suchen wir vor unseren Füßen oder hinter uns in Erinnerungen? Wir suchen in unserem Herzen nach etwas, das schon längst da ist und immer da sein wird. Die Sehnsucht ist immer die Verbindung zwischen dem schon einmal Erlebten und dem noch nicht Erlebten. Wir suchen nach etwas Altem und Gewohntem, das auf uns wartet. Genau das habt zum Zeichen, wenn ihr in euren Herzen Gott sucht! Das ist unser Ziel. Und wer das Ziel kennt, kann sich auch Gedanken über den Weg machen.

Eigentlich suchen wir nach etwas Altem, das uns nie aufgefallen ist. Wir haben es nicht bemerkt, obwohl es immer da war. Gott, das große Gefühl, muss also etwas irgendwie Traumatisches in unserer Gefühlswelt des Herzens sein. Sonst hätten wir es nicht so verdrängen und missachten können. Es muss etwas sehr, sehr Tiefes in uns anrühren. Es muss wohl eine Wunde berühren, einen Schmerz, eine Art heilige Wunde, die so lange blutet und schmerzt, bis sie ihren heiligen und heilenden Dienst endlich, endlich erfüllt hat, weil endlich alles gut wurde. Wir suchen eine alte Liebe, die so groß ist, dass wir nicht wagen, ihr ohne Weiteres zu begegnen oder sie gar zu berühren. Die Suche ist nicht bequem. Sie führt uns durch Furcht und Zittern. Schließlich suchen wir die größte aller Lieben. Um sie zu finden, bleibt uns nur die Hingabe.

Das Ziel unserer Suche muss also etwas Großes und Mächtiges sein. Wir erkennen Gott erst dadurch, dass wir ihn fürchten und lieben. Das ist ja die Krux! Das Drama in uns ist durchaus zu vergleichen mit dem Drama eines Kindes, das seine Eltern vom ersten bis zum letzten Atemzug liebt, aber nicht vergessen kann, dass es von Vater und Mutter scheinbar im Stich gelassen wurde. Wie soll man als Kind einen Vater lieben, der die Mutter im Stich ließ und für die neue Frau auch seine Kinder verließ? Wie soll man einen solchen Vater lieben? Ein Schrei! Ein Aufbäumen, ein Losreißen, ein Wegschauen und ein Weglaufen! Fürchte dich nicht! Es geht! Es muss gehen! Die Liebe ist größer als die Furcht! Man suche einfach wie ein ausgesetztes Kind die weißen Kieselsteine, die beim Weglaufen wie von selbst durch ein Loch aus der Hose auf den Lebensweg gefallen sind. Sie werden den Heimweg weisen.

Meinen Vater und die Liebe meines Vaters fand ich erst, als ich zehn Jahre alt war. Obwohl ich ihn all die zehn Jahre fast jeden Tag sah. Aber ich erkannte ihn nicht. Mein Herz sah ihn nicht. Es war aus Angst vor ihm verschlossen. Dann schickte mich mein Vater weit weg. In der größten Vaterferne fand ich den ersten weißen Kieselstein.

Auch einem General, der zu mir kam, ging es so. Nur brauchte er 50 Jahre, bis er die Liebe seines Vaters erfuhr. Er hatte sich in einer ausweglosen privaten Situation an mich gewandt. Und als ich ihn nach seinem Vater fragte, konnte er nichts sagen. Der Vater hatte die Mutter so früh verlassen, dass der Sohn kein eigenes Bild vom Vater in seinem Herzen trug. Er trug stattdessen das Bild vom Vater in seinem Herzen, das seine Mutter ihm eingepflanzt hatte. Das war voller Schmerzen, Wut und Opferqualen. Zu mir gekommen war der General, weil wieder einmal eine Beziehung zu scheitern drohte. Er konnte aber nicht erkennen, was das mit dem verschollenen Vater zu tun haben sollte. Ich bat um Geduld. Seine Frauengeschichten jedenfalls mussten warten. Was ist mit dem Vater? Gibt es keinen weißen Kieselstein wie in meinem Fall, der uns zu seinem Vater führen könnte? »Sind Sie ihm nie begegnet?« Doch, er sei so um die acht Jahre gewesen, da habe er den Vater einmal treffen dürfen in einem Café. Dort habe er dann mit einem fremden Mann gesessen. Sonst sei nichts gewesen, außer, dass der Fremde ihm eine Cola spendiert habe. Mehr nicht! Halt – da war der weiße Kieselstein. Warum war die Cola bald ein halbes Jahrhundert nicht aus seiner Erinnerung gewichen? Cola hatte die Mutter immer verboten. Der Vater ging über das Verbot der Mutter hinweg und holte die Seele seines Jungen zu sich. Er machte ihn zu einem Mann. Er holte ihn mit einem verbotenen Getränk ins Land der Männer.

Jahre später erfuhr der General, als er sich längst für eine Militärkarriere entschieden hatte, beim Durchstöbern und Studieren alter Militärakten, dass der unbekannte Vater seines Vaters ein hochdekorierter Offizier war. Er stand damit also in einer Tradition. Sein Vater war ein anderer, als ihm seine Mutter immer erzählt hatte. Seinen Vater und seinen Großvater spürte er auf einmal in seinem Rücken. Er hatte Wurzeln in der Armee. Er war wer. Denn Vater war auch wer. Und Großvater auch. Da fällt es dann der Seele leichter, davon Abschied zu nehmen, dass ein kleiner Junge eigentlich der bessere Mann für die Mutter gewesen sein soll. Er kann sich von der Mutter lösen. Und die Mutter von ihm. Er ist frei für eine Frau.

Es sind alles Kieselsteine, die die Liebe oder der Zufall oder das Schicksal – was nichts anderes als Synonyme für Gott sind – aus unseren Hosentaschen auf unsere Wege fallen ließ. Solche weißen Steine liegen auf jedem Weg und in jeder Biografie. Es sind Spuren Gottes. Es sind Stationen auf dem Heimweg, die keine böse Stiefmutter und kein entfremdeter Vater je aus dem Weg zu räumen in der Lage gewesen sind. Manchmal liegen sie nicht einmal sinnlich und konkret wie eine Colaflasche oder ein Telefonat in der Biografie herum. Manchmal hilft nur eine nachgeholte Probe auf die Mutterliebe. Was für die Männer die Väter sind, sind für Frauen oft die Mütter.

Zu Tausenden gibt es die Geschichten, die von den heute über siebzigjährigen Frauen immer wieder erzählt werden und die seit einem dreiviertel Jahrhundert auf ihren Seelen liegen. Ihre leibliche Mutter ist für sie tot! Und mit ihr auch Gott. Es sind die Kinder von Frauen, die sich in den Kriegswirren in einen fremden Soldaten verliebten und aus dieser

Liebe oder Beziehung einem Kind das Leben schenkten. Für die Familie war dies eine große Schande. Die Eltern der Schwangeren setzten sie auf die Straße, organisierten eine Abtreibung oder übten Druck aus, das Kind, sobald es geboren war, abzugeben.

Aber es gibt auch andere Geschichten. Da hatte zum Beispiel eine Mutter ihr eben geborenes Baby weggegeben. Eine besorgte Nachbarin wusste um die Verhältnisse und brachte das Findelkind dem frischen Vater. Der nahm es an. Das Töchterchen und sein Vater wurden ein Herz und eine Seele. Die Mutter bleib außen vor bis heute. Eines Tages stand dieses Töchterchen, mittlerweile siebzig Jahre alt, fragend vor mir. Es war nicht sehr schwer, die Frau dazu zu bewegen, sich für ein paar Augenblicke einmal in das Schicksal ihrer Mutter einzufühlen. Ich bat eine andere, jüngere Frau, für einen Augenblick ihre Schuhe zur Verfügung zu stellen. Die alte »Halbwaise« sollte sie anziehen und sich vorstellen, für Momente in die Schuhe ihrer Mutter zu schlüpfen. Sie sollte sich in die Mutter hineinversetzen und nachempfinden, wie sie schwanger wurde, die Angst vor der Schande spüren, das Geschimpfe der eigenen Eltern, den Druck aus der Nachbarschaft. So weit! Nicht weiter! Jetzt die Schuhe wieder aus!

Zu wem will das kleine Mädchen in der alt gewordenen Frau jetzt eigentlich halten? Auf welcher Seite will sie stehen? Auf der Seite ihrer überforderten Großeltern, die die schwangere Mutter aus dem Haus werfen wollten? Auf der Seite ihres geliebten Vaters, der die von ihm Geschwängerte nicht zu sich nimmt? Auf die Seite der tuschelnden Nachbarn? Oder will sich die Tochter doch lieber und von Herzen auf die Seite ihrer Mutter stellen, die nicht aus Verzweiflung ins Wasser geht, sondern in ihrer Not das Kind wie die Mutter des Moses gebiert und es abgibt. Immer in der Hoffnung und im Gebet, es möge irgendwo in Gottes Namen anlanden und in gute Hände kommen.

Und wenn wir keine weißen Kieselsteine entdecken, die auf unserem Lebensweg ganz unbewusst und unbemerkt auf den Weg fallen, was dann? Wenn da nichts ist, um einen Anknüpfungspunkt zu finden, der den Heimweg weist? Wenn keine Krankheit, die uns vom Heil und vom Heimweg erzählt, den Weg weist, was dann? Dann hat das Schicksal oder der Himmelsvater immer noch ein Ass im Ärmel. Das kann unser Langzeitgedächtnis sein, das uns selbst in unserer Demenz nicht im Stich lässt. Das kann das Essen sein, ein Geruch, ein »Déjà vu«, ein Vogel, der singt, ein Rauschen der Wälder. Bilder und Wiedergeburten! Fragt die Vögel, die Bienen, die Pflanzen! Sie alle wissen Bescheid und haben ein ewiges kollektives Gedächtnis!

Offenbar muss sich die Gottesliebe wie die Elternliebe durch ein Trauma durcharbeiten. Zuerst die Elternliebe, und dann und darin die Entdeckung, dass da etwas Großes nach mir schaut. Das Herz erscheint dann wie ein Dornröschenschloss mit einer hundertjährigen Dornenhecke. Aber es wird erwachen.

Die alte große deutsche Schauspielerin, politische Kämpferin und Mystikerin Barbara Rütting hat ein Buch über ihr Leben geschrieben. Vielen hat sie aus ihrem Leben erzählt. Mir erzählte sie, dass sie einmal im Alter von über achtzig Jahren auf einer Wanderung starke Angst spürte. Weder Pershing-Raketen noch politische Anfeindungen hatten ihr solche Angst einflößen können. Wer das konnte, war ihr längst verstorbener Vater. Nie hatte Barbara Rütting einen Hehl daraus gemacht, dass ihr Vater zu denen gehörte, die nicht nur »Heil Hitler« gerufen, sondern auch an das Heil von Hitler geglaubt haben.

Die Tochter Barbara aber hatte sich früh von der braunen Vergangenheit des Vaters losgesagt und war wie ein Pendel des Lebens auf der anderen Seite des politischen Spektrums gelandet. Sie besetzte amerikanische Raketendepots, sie war eine der radikalsten Grünen, sie wurde eine radikale Tierschützerin und eine begeisterte Anhängerin der Hildegard von Bingen. Jetzt aber, wo die Begegnung mit dem verstorbenen Vater früher oder später anstehen wird, kommt Unruhe auf. »Wie wird er auf mein Leben reagieren?«, fragt sie sich. »Was werde ich ihm alles an Kram vor die Füße legen, auf das er nicht sehr stolz sein wird? Was habe ich als seine Tochter aus dem von ihm geschenkten Leben gemacht? Wird er alles annehmen, was ich ihm zu Füßen lege?« Die Antwort ist einfach: Ja! Barbara Rütting kann und wird sagen: »Papa, das habe ich alles für dich getan, weil ich dich unbewusst so sehr liebe!«

Wir dienen alle unseren Vätern, ohne es groß zu merken. Oft tun wir es mit unseren Karrieren. So wie eine junge Ärztin. Sie promoviert schon zum zweiten Mal. Was treibt sie da an? Mit Titeln kann man kein Geld verdienen. Als junges Mädchen hatte sie ihre Haare grün gefärbt und hat die Nächte durchgetanzt oder hinter der Bar gestanden und den Kerlen eingeschenkt. Ihr Zuhause, das war die Kneipe. Was treibt sie an? Warum arbeitet sie weniger mit Menschen als mit Titeln und Rängen, Abzeichen und Ehren? Diese Fragen lösen sich auf einmal auf wie zwei Löffel Salz im Wasser. Als ich sie zu Hause besuche, zeigt sie mir die Fotos an der Wand. Darauf sind ihre Pflegeeltern zu sehen. Ihre leiblichen Eltern haben sie als Baby abgegeben. Zuerst in die Pflege, dann in die Adoption. Aber sie leben noch. Und seit ein paar Jahren hat die Ärztin wieder Kontakt zu ihnen. Und sie zeigt ihnen nun, was aus ihr geworden ist und was sie, die Eltern, versäumt haben. Die Rückkehr zu den leiblichen Eltern ist heilsam.

Im Kurtheater von Bad Wörishofen erzählt uns der Wiener Poet und Sänger Peter Horton seine Geschichte. Es ist die Geschichte eines Kindes mit vielen Geschwistern in armen Wiener Vorstadtverhältnissen. Der Vater hat sich mit einer anderen Frau aus der Verantwortung gestohlen und die Mutter mit den Kindern alleine gelassen. Horton singt in einem seiner Lieder, dass seine Mutter eine einfache Frau war, die sich für ihre Kinder aufgeopfert hat. Aber hier erzählt er dann auch, dass seine Mutter den Vater im Herzen der Kinder vergiftet hat. Sie hat ihn schlechtgemacht. Die Kinder sollten die Enttäuschung der Mutter über ihren Mann spiegeln und den Hass stellvertretend für die Mutter weiter in die Welt und durch ihr späteres Leben tragen. Horton urteilt nicht darüber. Er spricht jetzt von verwirrten Eltern. Aber es dauert lange bei dem Jungen, der, um der Mutter nicht weiter auf der Tasche zu liegen, ein Wiener Sängerknabe wird, dann ein Musiker und endlich ein europaweit gefeierter Poet und Gitarrist, bis er in seinem Herzen auf seinen Vater stößt. Der ist begraben unter den Urteilen und Flüchen der Mutter. Der Sohn spürt in seinem Herzen seine Vaterliebe auf. Und er erzählt, dass er sie nicht in Worte fassen konnte, dass es Monate dauerte, bis er in einer Morgenfrühe zwischen Nacht und Tag, in ein paar Minuten wohl, das Lied seines Lebens schrieb:

Mein Vater

Verloren hab ich ihn,
als ich ein Kind noch war,
kaum sieben Jahr'.
Die Ehe war verwirrt,
das kennen viele,
erst verwelkt die Hoffnung
und dann die Ziele.

So ging ich meinen Weg
auf meine eig'ne Tour
ohne seine Spur.
Ich hab mir tausendmal
mein Wort gegeben,
dass er mir nicht fehle,
und lag daneben.

Er war, wie er war, wunderbar,
einfach, weil er mein Vater war.

Gefunden hab ich ihn,
als ich ein Mann längst war
im reifen Jahr.
Ich saß an seinem Bett die letzten Stunden,
segnend fand die Liebe vergessene Wunden.

Er war, wie er war, wunderbar,
einfach, weil er mein Vater war.

Wir suchen in unseren Herzen also nach etwas Altem und Großem! Das Große, das wir Gott nennen, muss in unserer Erinnerung längst väterliche Spuren hinterlassen haben. Er muss wie ein stiller Gast in irgendeiner Herzkammer immer schon da gewesen sein. Und wie ein stiller geduldiger Gast auf den Tag warten, an dem wir ihn tief, tief in unserer Erinnerung entdecken.

7. Geh allein!

Die größte Offenbarung ist die Stille.

Laotse

Wir sind jeder für sich und Gott mit uns allen allein auf die Welt gekommen. Und wir werden auch jeder für sich und Gott mit uns allen allein diese Welt wieder verlassen. Das ist wahr und vielleicht die einzige Wahrheit und Realität, die wir alle miteinander teilen. »Jeder steht und fällt seinem eigenen Herrn!«, schreibt Paulus. Wenn man sich der Grenze des Lebens nähert und die andere Wirklichkeit, aus der wir kommen und in die wir gehen, spüren will, dann kann es gut sein, allein zu sein.

So gehen viele Menschen allein aus dem Leben. Auch dann, wenn ihre Angehörigen und Freunde tage- und nächtelang an ihrem Sterbebett gewacht haben. Ein Augenblick reicht, um den anderen zu schonen. Geh allein! Ein kurzer Gang nach langer Nacht zur Toilette reicht. Und der Sterbende geht allein. Kurz zum Duschen nach Hause, da kommt der ängstlich geahnte Anruf aus der Klinik. Ein kurzer Wachwechsel der Angehörigen, ein kleines Gespräch vor dem Krankenzimmer reicht. Und der Sterbende geht allein!

Geh also allein, um dem Vater zu begegnen! Es ist gut so. Es klärt sich dann, welcher Gedanke dir gehört und welcher nicht. Die Töne und Misstöne der anderen entfernen sich. Die Übergriffe der anderen liegen hinter dem Gott- und Vatersucher. Niemand mehr übertritt ungebeten und ungefragt die Schwelle deines Herzens. Weder diejenigen mit guten Absichten noch die mit bösen. Geh allein! Du brauchst keinen Schutz und keinen Beistand, um dem Vater zu begegnen. Versöhnung braucht keinen Dritten. Versöhnung geht nur Vater und Sohn, Mutter und Tochter etwas an.

Es kann aber durchaus nötig sein, dass man zunächst von einer Art Hebamme auf die Reise geschickt und ins Neue gehoben wird. So wie ein Mann mittleren Alters aus dem Ruhrgebiet. Seine Frau hatte ihn zu einer gemeinsamen Pilgerreise gedrängt, eine Pilgerreise, um den unbekannten Vater im Himmel und den auf Erden zu treffen. In der großen Pilgergruppe war der Mann mir anfänglich nur aufgefallen, weil er mit lauter Stimme bei jeder Gelegenheit für den »kleinen Mann auf der Straße« Gerechtigkeit einforderte. Im Grunde erschien ihm alles ungerecht. Er murrte. Aber er war wach und sein Gesicht war hell. Was suchte so ein Mann hier? Irgendwie trat der Mann mit der lauten Stimme immer wieder auf mich zu – im wahrsten Sinne des Wortes. Weniger wohl, um mich zu verletzen, eher, um endlich deutlicher auf sich aufmerksam zu machen. Der »kleine Mann auf der Straße« war ein kleiner Junge, der mir gegen mein Schienbein trat. Und weil ich ihn nicht kannte und es keine Veranlassung gab, mir wehzutun, musste er mit seinem Treten einen anderen Herrn meinen und mich, den Esel, treten.

Am Abend, beim Nachtmahl in der Pilgerherberge, setzte ich mich zu ihm und zu seiner Frau an den Tisch. Die Augen seiner Frau leuchteten. Sie hatte ihr Ziel erreicht. Der scheue Mann mit der lauten Klappe und der Pfarrer redeten miteinander. Da berichtete der Mann dann von seiner Herkunft. Seinen Vater nannte er »meinen Erzeuger«. Doch immer, wenn ein Mensch so von seinem Vater redet, ist da eine große Rechnung offen. Manchmal geht es um Missbrauch, manchmal um eine sitzengelassene Mutter. Der »Erzeuger« war in diesem Fall ein britischer Soldat, der nach dem Krieg im Ruhrgebiet stationiert war und von dem die Mutter immer als die »Liebe ihres Lebens« erzählte. Aber was nützt das einem kleinen Jungen ohne Vater? Mit den Jahren war aus dem kleinen Jungen ein Mann um die fünfzig geworden, der immer noch an die abwesenden Schienbeine seines »Erzeugers« trat, um von ihm endlich auf den Arm genommen und geliebt zu werden. Seine Frau hatte das erkannt und ihren Mann auf die Vater-im-Himmel-Suche geschickt, um über diesen Umweg ihren Mann mit seinem leiblichen Vater irgendwo in England oder Schottland zu versöhnen. Solange aus seinem »Erzeuger« kein Vater würde, so lange würde der Vater im Himmel auch nur ein Erzeuger bleiben, dem man als kleiner Mensch immer gegen sein Schienbein tritt, um von ihm Gerechtigkeit einzufordern, wenn man Liebe meint. Dass dieser Vatersucher ausgerechnet im Justizwesen arbeitet, offenbart nur, wie verborgen unsere großen Seelen alles, aber auch alles, »so herrlich regieren«. Selbst konnte er kein Vater werden. Er blieb kinderlos.

Irgendwann wird er nach England fahren. Allein! Seine Frau wird, wenn er seinem Vater wirklich begegnen will, hinter ihn treten müssen. Es wird heiliger Boden sein, wenn er seinem Vater begegnet oder an dessen Grab tritt. Allein! Nur so wird er dessen ganze Liebe ungeteilt spüren. – Geh allein! Wie viel Zeit hast du? Wie viel Zeit hast du noch?

Und so sehen wir Jesus, wie er sich allein aufmacht, um in die Wüste zu gehen. Wir sehen ihn im Garten Gethsemane, wie er sich aufmacht, um allein mit dem Vater zu reden. Wie er allein auf dem Boden liegend zu seinem Vater ruft. Wie er allein auf die Berge steigt, um seinen spirituellen Ahnen, Moses und Elia, zu begegnen. Er rät uns, allein ins stillste aller Kämmerchen zu gehen, um mit dem Vater im Himmel zu reden.

Auch sehen wir Buddha allein unter dem Baum der Erkenntnis und wir sehen Laotse allein auf seinem Tragtier. Wir sehen Zarathustra und Hildegard von Bingen, die dreißig Jahre lang eingesperrt und eingemauert mehr oder minder allein mit ihrem Gott war. Wer den Weg zum Vater gehen will, geht ihn allein. Wir sehen Meister Eckhart und Mechthild von Magdeburg allein. Wir sehen die Wüstenväter in ihren Eremitagen. Und wir sehen Franz von Assisi auf dem Weg der Berufung allein. Wir sehen Reinhold Messner an den Grenzen seines Lebens und an den Grenzen dieser Erde allein. Wir sehen Mutter Teresa bei all ihrer Nähe zu ihren Schwestern dennoch allein. Sie teilte ihre verzweifelten Gottesannäherungen mit niemandem. Von diesem Alleinsein erfuhren wir erst nach ihrem Tod.

»Verlasse alles, was du hast! Geh von deiner Familie weg, von deinen Freunden, aus deiner Heimat!« Damit beginnt die Geschichte, der mehr oder minder historische Teil unserer jüdisch-christlichen Religion, auf dieser Welt. Damit beginnen die Vätergeschichten unseres Glaubens. Dieser Ruf trifft Abraham im Lande Ur, dem heutigen Irak. Er macht sich tatsächlich auf, eine spirituell bestimmte Reise in ein neues Zeitalter unserer Welt anzutreten. Vater, Mutter, Familien, Kinder und Freunde – alles muss man hinter sich lassen können, um zu sehen, wie sehr man mit ihnen verbunden ist und wie eng sie einem die Horizonte des Lebens unbemerkt ins Herz geschrieben haben. Eltern und Heimat zu verlassen heißt auch, die Religion seiner Väter zu verlassen. Die Sippe zu verlassen bedeutet auch, das Gewissen hinter sich zu lassen, das einen Menschen an die Seinen bindet. Mit dem Gewissen haben sie den Einzelnen an ihre Tradition und an das gemeinsame Überleben gebunden. Gewissen aber ist keine Kategorie für Gottesbegegnungen. Jetzt steht jenseits des Gewissens und jenseits der traditionellen Einteilung in Gut und Böse eine andere Begegnung an, die jenseits des Sippengewissens stattfindet. Wo das Sippengesetz noch das Töten und Schänden erlaubte, um die Familie und die Gene zu schützen, wird das Schöpfergesetz ein großes Tabu um das Töten und Schänden errichten. Wo der Familien- und Sippengott noch eifersüchtig auf die anderen Götter jenseits des Horizonts reagiert, wartet dort ein Vatergott, der die Götter des Nächsten genauso zu verstehen gebietet wie ihn selbst.

Verlasse deine Familie und so wie du die Familie verlässt, so verlasse, wenn du nur kannst, alle deine bisherigen Prägungen und Überzeugungen. Sie sind zu klein, zu provinziell. Sie sind wie ein Blumentopf, der von den Wurzeln des Lebens gesprengt werden wird. Verlasse auch deine Religion. Fürchte dich nicht! Du wirst sie wiederfinden, wie man die Heimat instinktiv wiederfindet. Aber du wirst gelernt haben, sie mit liebevolleren Augen zu sehen. Religionen sind immer Provinzveranstaltungen mit universalem Anspruch. Sie verdanken sich im Grunde der Erfahrung einer Landschaft und dem notwendigen Überleben darin. Sie sind ein Stück einer Erfahrung von Mutter Erde. Und dann werden die provinziellen Erfahrungen als allgemein gültiges Gesetz in den Himmel gehoben. Der Wüstengott wird tauglich gemacht für die fruchtbare Ebene. Solche religiösen Überzeugungen, die gestern noch Nahrung für die Seele waren und morgen jenseits der Grenze wie Spreu mit dem Wind gehen, gibt es genug.

Den alten Tag hinter sich zu lassen ist notwendig, um einen neuen Tag zu erleben. Wer eine Tür öffnet, tritt aus dem Raum heraus, in dem er bisher war. Wer einen neuen Kontinent bereisen will, muss erst den alten hinter sich lassen. Wer in ein neues Bett will, muss das alte erst verlassen. Wenn wir im Urlaub auf eine Insel fahren, spüren wir die innere Kraft anwachsen, weil wir das Festland hinter uns lassen. Der Aufstieg in die Berge sorgt von sich aus dafür, dass das Schwere im Tal zurückbleibt. Es ist überall dieselbe Beobachtung: Geh allein, wenn du dem Vater begegnen willst! Mose ging allein in die Berge Sinais, Jakob kämpfte allein im Flussbett des Jabbok, Luther lag allein auf der Erde im Thüringer Land und allein stand er vor dem Kaiser und allein floh er vor ihm unter den Himmel. Geh allein! Abschied tut not. Ohne Abschied geht und wächst nichts. Ohne notwendige Abschiede wird alles krank.

So ein Abschied ist der erste große Akt der Reinigung des Herzens. Er ist ohne Segen nicht möglich. Wir segnen unsere Kinder, wenn sie zur Schule gehen, damit ihnen nichts passiert. Wir segnen unsere Kinder vom Sterbebett aus, damit sie ins Leben gehen und ihr Leben gelingt. Und wir segnen, damit auch wir nicht mit den Sorgen um unsere Kinder und Liebsten belastet sind, sondern mit einem reinen, aufgeräumten Herzen unseren Weg gehen können. Alles wird gut! Wir sind alle in Gottes Hand, aus der niemand fallen kann.

Geh allein! Es ist Zeit! Verlasse bald auch die Überzeugung, dass Gott gerecht ist – gerecht nach deinen Vorstellungen! Es ist ein Unterschied, ob er gerecht ist oder ob er dir gerecht wird. Ist es etwa gerecht, dass eine Mutter ihr Kind verliert? Ist es gerecht, dass ein Kind mit zwei Jahren an Leukämie stirbt oder in Afrika im Elend wohnt, während andere in goldenen Badewannen groß werden? Ist es gerecht, dass wir krank werden und sterben? Die wichtigsten Fragen des Lebens sind mit einem Gerechtigkeitsmuster mit unserer Maschengröße nicht zu verstehen. Gott ist nach unseren Maßstäben nicht gerecht. Sind Tsunamis gerecht? Oder Bürgerkriege in Darfur? Auf die alte Hiobfrage nach der Gerechtigkeit Gottes, der Theodizee, gibt es für den Gottsucher nur eine Antwort: Gott ist nicht gerecht, aber mein Vater!

Wer Gott begegnen will, muss die überkommenen Vorstellungen seiner Heimat über Gerechtigkeit und Ungerechtigkeit verlassen. Gott ist nie gleichzusetzen mit Gerechtigkeit. Er ist gleichzusetzen mit väterlicher Liebe. Jesu Lehre ist voll davon. Es gibt keinen gerechten Lohn für Leistung. Es gibt keine Gleichheit für die Gleichen. Es gibt unterschiedliche Gaben für alle. Es gibt bei ihm und in seiner Lehre alles, was es in einer Familie so gibt. Aber es gibt keine Gerechtigkeit.

Kain trägt als Zeichen dieses Konfliktes für immer ein Mal auf der Stirn: Er hielt es nicht aus, dass Gott das Opfer Abels bevorzugte. Als er seinen Bruder erschlägt, verflucht Gott ihn – und versieht ihn doch mit einem Schutzzeichen.

Geh allein! Es ist noch Zeit! Verlasse auch die Überzeugung, dass du ein Sünder und schuldig bist. Mit dieser Weltsicht halten so manche Oberen die Herde klein und zusammen. Während Millionen frommer Menschen auf ihre Brust schlagen und rufen: »Mea culpa, mea culpa, mea maxima culpa«, hält wenigstens der christliche Himmelsvater daran fest, dass er allein alle Schuld trägt. Die rituellen Schuldübungen seiner Kinder auf Erden, ihre verbalen und manifesten Kasteiungen könnten im Himmel gar als arrogant gewertet werden. Sie könnten ein Zeichen mangelnder Demut sein – man möchte mit der Gottheit gern auf Augenhöhe verhandeln.

Geh allein mit einem aufgeräumten Herzen! Verlasse um des Himmels willen auch die Überzeugung, dass es Opfer gibt, die keine Täter sind. Und verlasse die Überzeugung, dass es Täter gibt, die keine Opfer sind. Wir alle sind Tag und Nacht, weiblich und männlich. Dass die Täter auch Opfer sind, wird uns in jedem Prozess über Vergewaltigung vorgeführt. Man muss nur schauen lernen. Dass aber die Opfer auch Täter sind, bleibt oft im Dunkeln. Es ist auch ungleich schwerer zu erkennen. Das ist in einem Sittenprozess zudem schwer darzustellen und kommt immer zur Unzeit daher. Ich kenne meine eigene

Geschichte: Wie war das, als ich vor über fünfzig Jahren einem fremden Mann wortlos erlaubte, mit seinen Händen in meiner Hose zu spielen? Da war im Opfer, dem kleinen, etwa zehn Jahre alten Jungen, auch ein Anteil, der es gestattete. Diesen Anteil brauche ich heute, nach über fünfzig Jahren, um in meinem Herzen meinem ehemaligen Triebtäter auf Augenhöhe zu begegnen. Wie sonst will ich in Frieden leben? Es ist manchmal leicht und verführerisch, sich in seiner Opferrolle einzurichten. Opfer zu sein hat ein regressives Element und hofft auf Bedauern. Leben wird nicht mehr als Herausforderung verstanden, sondern als Schicksalsschlag. Aber erst, wenn das Opfer erkennt, dass es durch seine Haltung andere schädigt und wiederum zum Opfer macht, erst dann geht es ein Stück weiter in Richtung Versöhnung.

Bist du bereit? Nach all den notwendigen Abschieden von inneren Überzeugungen und äußeren Wegmarken kommt jetzt die Zeit der großen und größten Fragen. Es sind dieselben alten Menschheits- und Schicksalsfragen, wie sie in jeder Krankheit auftauchen, auf jedem Fastenweg und jedem Pilgerweg. Es sind die Fragen, die die alten Antworten nicht mehr akzeptieren. Die Tenne des Herzens ist reingefegt. Es sind im Grunde die Fragen jedes Philosophen: Wer bin ich? Was kann ich? Was soll ich? Was ist meine Berufung und Aufgabe? Aber damit die Fragen und die Antworten auftauchen, sind die Stille und das Alleinsein, das in der Krankheit und im Fasten unwillkürlich geschieht, notwendig. Du bist allein!

Ist es das, was der große Lehrer Chinas mit einem für die westliche Welt so schwer zu übersetzenden Wort ausdrücken wollte: der Zustand des Tao, in dem alles in der Waage ist, im Gleichgewicht, und in dem darum alles passieren kann?

Geh allein, dann bist du in der Stille willkommen. Du kommst an. Die Stille trägt. Sie trägt die Seelen. Sie legt sich schützend über die Körper, den Geist und die Herzen. Sie hebt und erhebt die Seele. Die Stille ist eine Zeit und ein Ort der Kraft. Sie ist ein Abbild Gottes. Sie ist die universale Offenbarungsqualität Gottes. Ohne in die Stille zu gehen, kann man Gott nicht finden. Stille ist die Trägerin der Kraft, die von einem Ort ausgeht, der beruhigend und stärkend auf die Seele wirkt. Sie ist die Trägerin der Schönheit und Ordnung der Schöpfung. Die Stille ist das Haus Gottes. In ihr ist er präsent. Stille ist eine universale Gottesoffenbarung. Nur wer allein geht, wird hier ankommen. Das wissen unsere Herzen ganz genau. Sie suchen von sich aus immer einen Ort der Stille, um Gott zu begegnen. Sie laufen wochentags in leere Kirchen. Sie laufen in die Stille der Natur und entziehen sich allem, was laut ist. Einige gehen in die Wüste.

8. Kind sein

Lass uns einfältig werden
und vor dir hier auf Erden
wie Kinder fromm und fröhlich sein.

Matthias Claudius

»So ihr nicht werdet wie die Kinder, so werdet ihr nie in eine glückliche Gottvaterbeziehung hineinfinden.« Diese spirituelle Zentralerkenntnis formulierte Jesus aus Nazareth vor knapp zweitausend Jahren als Grundlehrsatz für seine Schüler. Er nahm sogar ein Kind auf den Arm, um es seinen Schülern zu zeigen, als ob er um die dürftige Reichweite auch seiner Worte wusste. Später nannte man ihn den Gottessohn. Das war sein Titel und das war seine Lehre.

Mein Großvater, der knapp zwei Jahrtausende später einer von seinen Schülern war, betete noch in seinem fünfundachtzigsten Lebensjahr: »Ich bin klein, mein Herz mach rein, soll niemand drin wohnen als Jesus allein!« Religion und Spiritualität als Kinderglaube zu definieren ist also richtig. Spiritualität ist die Weltsicht eines Kindes, das seinen Platz kennt und darauf vertraut und spürt, dass es seine Existenz etwas Größerem oder Älterem verdankt, und dies nicht vergisst. Es stellt sich nicht außerhalb der Welt. Es erhebt sich nicht über die Welt. Es bleibt in der Welt. Es bleibt seinen Vätern und Müttern auf ewig verbunden.

Aber Religion und Spiritualität machen nicht die Weltsicht eines naiven Kindes aus, das ungebrochen an den Weihnachtsmann und das Christkind glaubt. Religion ist die letzte Einsicht eines jeden innerlich wachsenden Menschen. Erwachsen werden heißt ja, dass man reift. Es heißt aber nicht, dass man seine Kindschaft auf diesem Planeten verliert. Kind bleibt Kind – damit der Vater wirken kann.

In einer kleinen Gruppe, die sich mit mir auf die Suche nach den Vätern im Himmel und auf Erden begeben hat, weint ein erwachsener älterer Mann bitterliche Tränen. Er ist um die sechzig. Er ist Akademiker und erfolgreicher Geschäftsmann und er weint. Eine gleichaltrige Frau kramt für ihn in ihrer Tasche nach einem Papiertaschentuch. Zuerst bittet er noch um Entschuldigung, dann aber, als es aus ihm herausbricht, ist es vorbei mit der männlichen Contenance. Er weint, weil er auf einmal erkennt, was er verloren hat, als er seinen Kinderglauben verloren hat, den Gott seiner Kindheit. Und er spürt, dass er früher glücklicher war als heute, wo er mit den Krücken der Aufklärung unterwegs ist. Er erzählt von den frühen Jahren, als er in einer durch und durch katholischen Umgebung groß wurde und die Mutter noch hoffte, dass er Priester werden würde und der Vater ihn daher nicht schlagen durfte. Welch ein Schutz! Er erzählt unter Tränen, wie es war, den lieben Gott noch Gott sein zu lassen und sich unter ihm zu fügen. Er tupft sich die Tränen vom Gesicht. Am Ende des Seminars wird er in einer kleinen katholischen Dorfkirche niederknien und beten: »Lieber Gott meiner Kindheit, lieber Gott im Himmel, ich bitte dich so sehr, dass ich meinen Kinderglauben wiederfinde!«

Auf unserer Reise zum Vater steht es jetzt an, unser Kindsein wiederzufinden wie einen im Laufe der Jahre verloren gegangenen Schatz. Wie in einer russischen Matrjoschka, bei der Schicht um Schicht abgetragen werden muss, um zum Kernkind zu kommen, werden wir in uns nach dem Kind suchen. Kindsein gehört zu einem erwachsenen Leben. Auch und gerade, weil es nicht vernünftig ist.

Um all den Versuchungen des Kopfes zu widerstehen, sich selbst an die Stelle Gottes zu setzen und das Kindsein zu leugnen, hat mein Lehrer Lothar Steiger einmal für sich und für seine Leser ein Lied von der Unwissenschaftlichkeit des Glaubens gedichtet:

Unwissenschaftlich ist Jesus am Kreuz gestorben
Unwissenschaftlich hat er uns das Heil erworben
Unwissenschaftlich, wenn du zugrunde gehst
will er, dass du mit ihm auferstehst.

Kindsein ist das Mittel der Wahl gegen Overprotecting. Es ist die Medizin gegen jede Zwangserkrankung, gegen Kontroll- und Waschzwang, Übermut und Hybris. Eine Medizin, die wir jeden Abend einnehmen, wenn wir unsere Kontrollstation und Kommandobrücke des Tages, oft gezwungenermaßen, verlassen, um endlich ins Bett zu gehen, die Augen zu schließen und die Kontrolle jemand anderem zu überlassen. Gott sei Dank! Einige Menschen werten den Schlaf als Zwangspause. Jenen, die ihn als Phase der Regeneration annehmen, als Ordnung und Gnade auch, singt der Mond, wenn er aufgeht, eine kleine Strophe aus dem Abendlied des Matthias Claudius:

Wir stolzen Menschenkinder
sind eitel arme Sünder
und wissen gar nicht viel.
Wir spinnen Luftgespinste
und suchen viele Künste
und kommen weiter von dem Ziel.

Gott, lass uns dein Heil schauen,
auf nichts Vergänglichs trauen,
nicht Eitelkeit uns freun.
Lass uns einfältig werden
und vor dir hier auf Erden
wie Kinder fromm und fröhlich sein.

Wollst endlich sonder Grämen
aus dieser Welt uns nehmen
durch einen sanften Tod;
und wenn du uns genommen,
lass uns in' Himmel kommen,
du unser Herr und unser Gott.

So legt euch denn, ihr Brüder,
in Gottes Namen nieder;
kalt ist der Abendhauch.
Verschon uns, Gott, mit Strafen
und lass uns ruhig schlafen.
Und unsern kranken Nachbarn auch.

Kindsein ist wahre Medizin gegen die Schattenseiten des Fortschritts. So üben wir uns in die notwendige Kultur der Regression ein. Welche Wahrheit steckt in den Mythen! Wer nur auf Wissenschaft und Machbarkeit setzt, dem geht die Macht der Nacht verloren. Wer aber keine Nacht im Rücken hat, taugt nicht am Tage.

Du musst ein Kind sein auf dieser Welt. Nur als Kind kannst du dem Vater begegnen. Das fiel schon dem Hiob aus dem Alten Testament auf und schwer. Im Grunde wollte er sich als gleichberechtigter Partner des Schöpfergottes wahrnehmen, bis der ihn in seine Schranken wies: »Wo warst du, als ich die Erde erschaffen habe?«

Aber für Hiob, einen Patriarchen und Mann in den besten Jahren mit viel Erfolg, hat die Sache noch einen viel dramatischeren Aspekt. Als Kind der Schöpfung will er den Vater zur altvertrauten Ordnung rufen. Er hängt sein Leben an einen Vertrag. Vertragen statt versöhnen ist sein Motto. Das aber ist bis heute ein Unterschied. Der eine Weg, der Weg zum Vater, ist vertikal. Der andere Weg, der zu den Brüdern und Vertragspartnern aller Provenienz, ist horizontal. Hiob will sich als Anwalt der Rechtlosen profilieren. Wir erinnern uns: Hiob ist die Urgestalt des Frommen, dem über Nacht alles genommen wurde, was er hatte: die Kinder an erster Stelle, dann das Vieh, die Ernte, alles. Einfach alles! Und das, obwohl er ein frommer Mann war. Hier wird die Rechnung der archaischen Gottesbesitzer zum ersten Mal konterkariert. Es geht in der Gottesbeziehung nicht um ein Opfer, um den Himmel und seine Götter gnädig zu stimmen. Das war früher so und zog sich als Gottesopferdienst um den ganzen Erdball. Man gab den Göttern das Kostbarste, was man hatte, um mit ihnen zu dealen: die Kinder, die Tiere, die Tempel und Dome, Versprechen und Gelübde. Aber das wirkt nicht auf die andere Wirklichkeit.

Nicht Hiob hatte nicht funktioniert, sondern der Himmel hatte offenbar einen Defekt. So wenigstens sah es Hiob, und seine Freunde wohl auch. Hiob war zum Wächter der Weltordnung des Gebens und Nehmens herangewachsen. Nur funktionierte sie bei ihm nicht. Er zog sich schmollend zurück und machte sich zum Richter, der auf einen reumütigen Gott und Vater wartete, der sich bei ihm entschuldigen sollte. Doch Gott kommt nicht. Gott kommt genauso wenig wie ein Vater, um seine Kinder mit großen Entschuldigungen aus dem Kinderzimmer zu holen, damit sie sich mit ihm versöhnen. Gott wartet. Gott wartet wie ein Vater auf seine Kinder.

Das ist besonders für die Männer unter den Gottsuchern eine große Schwelle, die sie eher als Problem denn als Herausforderung wahrnehmen. Sie haben in ihren Kampfgemeinschaften und Sippenordnungen gelernt, entweder brüderlich zu teilen oder zu herrschen. Beides aber taugt nichts für eine Gottesbeziehung. Dort geht es um Unterwerfung. Gerechtigkeit und der Ruf danach aber machen aus einem Gotteskind immer einen Anwalt und Richter. Und der Ruf nach Rache oder Gerechtigkeit ist gerade für Männer und Kämpfer, die sie ja von Haus aus sind, die oft unüberwindliche Hürde auf dem Gottesweg. Männer sind nicht kleinzukriegen. Oder nur schwerlich. Die Kampfgemeinschaften in Gesellschaft und Wirtschaft erlauben es ihnen nicht, einen Zentimeter kleiner zu werden. Und so kämpfen sie, auch die alten, in ihren oft längst verlorenen Schlachten, bis ans Ende ihrer Tage. Männer grollen noch bis auf dem Sterbebett. Sie machen den Sterbebegleitern die meiste Arbeit. Sie wollen noch im Sterben ihre Fäuste ballen. Sie wollen nicht besiegt in den Sarg steigen. Lieber fahren sie zum Sterben in die Schweiz, um dort mit Dignitas ein letztes Mal über Deutschland zu siegen und mit der Hand zum Gruß an die Mütze unterzugehen.

In unseren Hospizen spielt sich darum gerade mit Männern immer ein Drama ab. Sie müssen akzeptieren, dass sie kleiner sind als das Leben. Sie müssen in einer Art Turboseminar des Lebens kleiner als der Vater werden, kleiner als Gott. Ihr Glaube an die Beherrschbarkeit des Lebens war immer lebensgefährlich. Gottgleich sind sie aus ihren Managersesseln mit Herzinfarkt in die Kliniken eingeliefert worden. Versteinerte Herzen, die nicht Abschied nehmen konnten von Zielen, die sie nicht erreichten. Da sind keine Tränen, die man den Kindern zubilligt und die ein Kind im Angesicht des Vaters herzerschütternd weint. Da sind nur Härte, Durchsetzung und Kampf. Und dabei besiegt nur das Wasser den Stein und die Tränen das steinerne oder gläserne Herz. Trauer ist das Spülmittel gegen verkalkte Herzen.

Über neunzig Jahre alt ist der Mann und noch voller Disziplin, Verlässlichkeit und Würde. Nie würde er mich ohne Krawatte empfangen. Liegt es daran, dass er von Beruf Orchestermusiker war, wo man ohne Disziplin nicht weit kommt? Er ist mittlerweile fast blind. Aber kaum, dass er meine Stimme hört, steht er aus seinem Sessel auf und wendet sich in meine Richtung. Er verzeiht sich keine Nachlässigkeit. Nie würde er als Erster in seinen Sessel zurückfallen, wenn er nicht zuvor mitbekommen hätte, dass ich schon Platz genommen habe. Er ist eben ein Herr der alten Schule.

Seine Frau sagt: »Klagen tut er nur bei mir, also wenn niemand da ist.« Und er tut so, als ob er auch das überhört hätte. Gefühle scheinen ihm nichts für die Öffentlichkeit zu sein. Und der Pfarrer ist auch so eine Art Öffentlichkeit.

Gefühle kommen erst auf, als wir ins Erzählen kommen. Denn die Erinnerungen des alten Herrn gehen weit zurück. Mit sieben Jahren hatte er schon seinen Vater verloren. Und er war noch keine zwölf, da folgte die Mutter dem Vater in den Tod. Und der Junge musste weg von zu Hause, weit weg zur Tante. Da war keine Zeit für große Gefühle. Und als der fremde Schulmeister von damals mit dem Rohrstock auf die offenen Hände schlug, war auch keine Zeit zum Weinen. Nie war Zeit zum Weinen.

Und jetzt, mit neunzig Jahren? Ist da Zeit zum Weinen, zum Trauern und dazu, sich einmal gehen zu lassen? Nein, sagt er, aber die großen Gefühle und die offenen Wunden der Kindheit sind Zeichen und Hinweisschilder auf dem Weg in den Himmel. Es sind die offenen Fragen, die er immer wieder stellt und die seine Frau als Klage hört, die ihm den Weg zeigen. Er will auf all das, auf sein ganzes Leben, irgendwann und irgendwie und irgendwo eine Antwort bekommen. Von seinem Vater will er sie bekommen. Warum der so früh ging? Und von der Mutter will er sie bekommen. Warum die offenbar lieber dem Vater folgte, als bei ihm, dem Kind, zu bleiben.

Er will eine Antwort bekommen. Auch wenn er es nicht offen ausspricht. Und so sitzt vor mir nicht nur ein neunzigjähriger Herr, sondern auch ein kleiner Junge. Der Große ist dem Kleinen ein Leben lang verlässlich beigesprungen. Das letzte Wort aber behält offenbar der kleine Junge.

Die Frauen unter den Gottsuchern haben es an dieser Stelle ihrer spirituellen Reise einfacher. Frauen sammelten über die Jahrtausende Erfahrungen darin, wie man trotz Hingabe und Unterwerfung seine Ziele erreichen kann. Ihr Mittel ist nicht der Kampf. Ihr Mittel ist die Geduld. Ihr Mittel ist nicht das männliche Weglaufen. Ihr Mittel der Wahl ist das Lauschen, Ahnen, Aushalten. Diese Technik, zu überleben und zu wachsen, hat ihnen zweifellos viele Opfer abverlangt. Aber sie leben und ihre Kinder leben auch!

Jetzt, wo du den Weg schon weit gegangen bist, das Ziel radikaler Versöhnung mit dem Vater vor Augen und im Herzen, jetzt, wo das Herz dir Rhythmus und Mitte aller Erkenntnis wurde, jetzt, wo du alles verlassen hast, was dich bindet und dein Fließen behindern könnte, jetzt mach dich klein. Knie nieder! Wer sich klein fühlt, der sollte sich auch klein machen. Wer sich neugierig einmal klein fühlen möchte, auch der mache sich klein. Die Seele schickt gern den Körper vor, damit er ein paar elementare Erfahrungen macht, die sich die Seele dann zu eigen machen kann, ohne gleich selbst ein Trauma zu riskieren.

Das Kleinmachen verstärkt die Bewegung der Seele zum Kindsein hin. Und so findet man die Menschen in allen Religionen dieser Welt auf den Knien oder auf dem Boden, immer der Erde nahe, wenn sie ihren Gott aufsuchen. Fünfmal am Tag auf die Knie und dann noch kleiner werdend, wenn die Stirn den Boden berührt. Ganzheitsmediziner und Orthopäden sagen, dass Demut dem Rückgrat guttue und eine Verhärtung des unbeugsamen Rückens immer auch ein Zeichen mangelnder Demut sei.

Und so liegt Jesus nicht nur am Ende seines Lebens flach auf der Erde im Olivengarten vor Jerusalem. Er liegt Bauch an Bauch mit Mutter Erde. Und wie er liegen seine Priester bei ihrer Weihe auf dem Boden der Bischofskirche. Bauch an Bauch mit Mutter Erde. Bauch an Bauch aber auch mit den verstorbenen Bischöfen und ihren Epitaphen, eingelassen in den Boden der Kirche. Liegen ist die Haltung, in der der Mensch nicht nur der Erde am nächsten ist, sondern auch den Ahnen und mit ihnen dem Himmel. Unten ist nicht unten, oben ist nicht oben: Diese Lektion haben spirituelle Meister durch die Zeiten gelehrt. Das Gesetz des Lebens besteht aus Anziehung. Himmel und Erde werden eins.

9. Grenzerfahrungen

Es war, als hätt der Himmel
Die Erde still geküsst,
Dass sie im Blütenschimmer
Von ihm nun träumen müsst.

Die Luft ging durch die Felder,
Die Ähren wogten sacht,
Es rauschten leis die Wälder,
So sternklar war die Nacht.

Und meine Seele spannte
Weit ihre Flügel aus,
Flog durch die stillen Lande,
Als flöge sie nach Haus.

Joseph von Eichendorff

Wer seinem Vater begegnen möchte, der sollte allein und wie ein Kind an seine Grenze gehen. Und wenn man nicht weiß, wo die eigene Grenze ist, im Fasten oder im Marathon, in der Geduld oder auch in der Hingabe, in der Kasteiung oder im Überschwänglichen, dann gehe man an irgendeine große Grenze, um sich von dort aus helfen zu lassen, dem lieben Gott zu begegnen. Die große Grenze hilft immer der kleinen, sie leitet an.

Santiago de Compostela liegt an der Grenze des alten Europas. Jerusalem liegt auf dem Weg vom Mittelmeer zum Toten Meer und zum Jordan auf dem höchsten Bergrücken der Gegend, dem Zionsberg. Die ersten Hochreligionen entstanden immer am Meer oder hoch oben im Gebirge. Religion ist ein Grenzerfahrungsprodukt.

Der Kraftort Jesu ist daher nicht die Synagoge. Der Kraftort Jesu ist die Wüste. Der Kraftort des Mose ist der Berg. Der Kraftort Mahatma Gandhis ist das Meer. Der Kraftort Laotses war wiederum die Wüste. Der Kraftort Jakobs ist eine Flussfurt. Der Kraftort von Bella, meiner ehemaligen Haushälterin im Pfarramt, ist der Friedhof, wo ihr Sohn begraben liegt. Und der Kraftort von Don Camillo ist seine Kirche mit dem sprechenden Gekreuzigten. Und wo ist Ihr Kraftort? Suchen Sie ihn. Es gibt ihn. Jesus lehrt, dass es die Küche sein kann oder das Schlafzimmer, irgendein Kämmerlein. Da, wo man geborgen ist und in die Stille eintauchen kann, um sie auf sich wirken zu lassen. Es kann ein alter Sessel sein, das Sofa, auf dem die Katze am liebsten liegt. Es kann eine Linde sein wie in meinem Garten oder der See, zu dem ich abends gern gehe. Woran erkennt man diesen Ort der Kraft, der die Menschen, die ihn aufsuchen, unendlich bereichert oder sogar ein Zwiegespräch entstehen lässt zwischen Mensch und Gott, Teufel und Mensch, totem Sohn und Mutter?

Ein Morgen in den Bergen! Noch zur Nachtzeit steht mein Hüttenwirt in Südtirol auf, um allein in die Berge zu steigen. Denn wenn die Sonne aufgeht, will er an einer ganz bestimmten Stelle sein. Es berührt ihn, wenn die Sonne nach einer dunklen Nacht wieder »sein« Stück Erde berührt. Der Fischer am Starnberger See nutzt die frühe Morgenstunde mitten auf dem See. Er fährt mit dem Boot hinaus und fängt nicht gleich mit der Arbeit an. Er stellt den Motor ab, lauscht für einen Moment auf die Stille und schaut unwillkürlich in Richtung Berge. Dann erst geht er an die Arbeit. Die Netze waren die ganze Nacht über im Wasser. Bevor er sie ins Boot zieht, braucht er diese Stille. Es ist seine große Verneigung, die niemand sieht. Und bevor der Tag heraufsteigt, ziehen in allen Klöstern dieser Welt die Nonnen und Mönche und Frommen zum Gebet. Morgenstund' hat Gott im Mund. Was ist eigentlich das Geheimnis all der Orte, denen die Menschen so viel verdanken?

Vor über 50 Jahren saß ich als Junge an einem finnischen See und wusste mir vor lauter Heimweh nicht zu helfen. Damals ging ich jeden Abend an den kleinen See, einen von den vielen tausend einsamen Seen, und setzte mich so nah ans Wasser, dass ich auch noch die kleinste Welle hören konnte, wenn sie sich leise ins Kiesbett ergoss. Manchmal in der Windstille kniete ich nieder und ging mit dem Ohr ganz nah an die Wasserkante. Da war immer noch etwas zu hören. Abend am See! Das hat mich bis heute begleitet und geführt. Die Wellen sind das ewige Mantra, von dem sich meine junge Seele tragen und trösten lässt. Abend am See – in dieser Stimmung und Abstimmung stoßen zwei Elemente aufeinander, um Frieden zu schließen. Der Tag und die Nacht sind gleich stark, und Erde und Wasser sind es auch.

Geh an die Grenze! Abend am Meer. Vor bald zwanzig Jahren geht an der Ostsee ein junger Pfarrer spazieren. An seiner Hand hat er seinen kleinen Sohn. Irgendetwas zieht ihn hierher. Was aber, weiß er nicht. Es ist ein paar Tage her, dass sein Vater gestorben ist. Und jetzt, nach den Tagen voller Terminen, Feiern, Tränen und Besuchen, braucht er wohl einige Momente der Stille und Einkehr. Aber warum hat er seinen Sohn dabei?

Sein Vater ist eben gestorben. Da drängt es den Sohn allein zu sein mit seinem kleinen Sohn. Da sind drei Personen unterwegs. Zwei, die man sehen kann, und einer spürbar. Der Mann in den Vierzigern geht in diesen kalten Herbsttagen den leeren Strand entlang. Da ist kein Strandkorb mehr und keine Menschenseele. Es ist einfach zu kalt. Der Nordwind wird bald Schnee bringen. Die beiden bleiben die Einzigen. Stumm stapft der Kleine neben seinem Vater her. Er spürt, dass der Vater woanders ist und dass er nicht stören soll. Beide gehen schweigend in dem nassen schweren Sand zwischen Meer und Land. Männer lieben anders als Frauen. Auch ihre Väter und Söhne.

Da taucht weit vor ihnen etwas Dunkles im Sand auf, etwas, das wie Strandgut ans Land geschwemmt worden ist. Es ist noch zu weit weg, um es erkennen zu können. Was kann das sein? Es ist kein Holz oder Baumstamm, obwohl es die Größe hat. Nur nicht die Länge. Die beiden gehen schneller und als es der Vater endlich erkennt, ist es zu spät, mit dem Sohn einen weiten Bogen um das Strandgut zu machen. Es ist eine tote Robbe, die da mannsgroß vom Meer angespült wurde.

Die nächste Flut würde vielleicht wieder nach dem Kadaver greifen. Stumm stehen die beiden neben dem toten Tier. Und der Vater erzählt mir später, dass es ihm sofort klar war, wer da in Form der toten Robbe vor ihm lag. Als sie schon wieder gehen wollen, drängt es den jungen Pfarrer, sozusagen um zu prüfen, ob die Robbe auch wirklich tot ist, den Fuß auf den prallen Leib des Tieres zu setzen und ihm einen vorsichtigen Stoß zu geben. Das tote Tier rutscht ein Stück zur Seite. Und ein gelb wirkender Stein in der Größe eines Fünfmarkstücks taucht auf. Der Mann geht in die Hocke, um nachzuschauen, nimmt ihn in die Hand, reinigt ihn grob vom Sand und erkennt: Es ist Bernstein!

An genau diese Stelle des Meeres und des Landes geht der junge trauernde Pfarrer, wenn er Kraft aus der anderen Wirklichkeit braucht, so wie Aschenputtel auf den Friedhof zur Mutter eilt und Bella zu ihrem Sohn läuft. Und wenn er nicht dahin läuft und ruft wie einst der Fischer den Butt, dann trägt er den Bernstein in der Innentasche seines Jacketts. Und wenn er Beerdigungen halten muss, ist der Stein immer dabei.

Die Orte der Kraft liegen meist an den Grenzen, wo große Gegensätze miteinander in eine Gemeinschaft eingetreten sind. Ein Bergsee, eine Endmoräne, die über Berge und Täler schauen lässt, ein Berggipfel, der in die Wolken reicht. Wo das Zeitliche, der Mensch, auf das Ewige trifft, da ist ein Ort der Kraft. Es kann auch ein alter Baum sein, der über die Jahrhunderte versucht, an die Ewigkeit heranzureichen. Oder der klare Sternenhimmel, wo die Zahl der Sterne ins Unendliche verschwindet.

Geh an die Grenze! Auf dem Weg der Gottsucher liegt eine Wegstrecke oder ein Punkt, die oder den der Gottsucher sich zunutze machen sollte. Er muss einen Ort der Kraft ansteuern.

Aber wie findet man solche magischen Orte, die in ihrer Bildhaftigkeit die Harmonie des Kosmos in sich tragen? Orte der Kraft sind auch Orte der Stille. Und wo Stille und Kraft in reichem Maße vorhanden sind, findet ein Ausgleich statt, an dem alle Kraft in der Stille gebündelt ist. Darum suchen wir Menschen so sehr unsere Mitte zu finden. Wenn wir am richtigen Punkt ansetzen, können wir mit einer bemerkenswerten Leichtigkeit die Schwere des Lebens stemmen.

Orte der Kraft in der Natur sind Orte, wo sich Gegensätze berühren und sich ausgleichen. Es sind Orte der Harmonie. Hier kann man der »Melodie der Schöpfung« lauschen, von der die Griechen wussten und die sie zu ergründen suchten. Sie waren überzeugt: Das Universum ist nicht chaotisch. Es ist harmonisch. Das Universum vereinigt die Gegensätze zu einem Einklang.

Die Griechen benannten die ganze Welt und die Ordnung der Dinge mit demselben Wort: Kosmos! Denn in ihrer Wahrnehmung ist das Weltall wohlgeordnet. Deshalb spielt in ihren philosophischen Überlegungen auch die Schönheit eine solche Rolle. Schönheit stellt auf dem Weg einer wachsenden Spiritualität eine höhere Stufe dar als Freiheit. Freiheit schließt aus. Schönheit integriert.

Orte der Kraft sind schön. In ihnen spiegeln sich Gegensätze und verweisen aufeinander. Alte Kirchen sind an solchen Plätzen gebaut worden und bauen auf die Kraft, die an diesem Ort spürbar vorhanden ist. Und sie werden umso kraftvoller, je mehr in ihnen eine Inbrunst zu Hause war. Gebete sind Schwingungen, die spürbar im Gemäuer bleiben und die Kirche wärmer erscheinen lassen. Und ihre künstlich hervorgerufene Schönheit ist nur ein Spiegel der Kraft des Ortes, an dem sie stehen.

Und wenn um diese Kirchen herum eine Stadt wuchs, dann bieten sie in einem neuen Umfeld wieder einen Ort der Kraft, an dem die Hektik des Alltags von einer Oase der Stille ausgeglichen wird. Kirchen sind Grenzorte. Und Grenzorte sind Orte der Kraft. Sie fördern Gottesbegegnung.

Und es gibt noch einen Weg. An die Grenze des Lebens, in die Hospize und Sterbehäuser, in die Schützengräben und Sterbezimmer der Eltern, in die Krebsstationen, da wo der Himmel sein Fenster für die andere Wirklichkeit öffnet, dahin muss man gehen und dort bleiben. Es sind unendliche Orte der Kraft.

Für mich wird das Sterbezimmer meiner Mutter immer ein Kraftort bleiben. Als wir Kinder und Enkel uns nach mehreren Tagen, in denen unsere Mutter zu Hause in ihrem Bett aufgebahrt blieb, um sie herum versammelten, war uns nicht klar, dass uns dieser Augenblick für immer zusammenschweißen würde. Damals erzählten wir von unserer Mutter mit Tränen in den Augen. Von ihrem Mut, von ihrer Herzlichkeit aller Welt gegenüber, von ihrem trockenen Humor und wir tranken ein paar Glas Wein und Prosecco auf unsere Mutter. Es war eine Freude darüber spürbar, ein Kind dieser Frau zu sein. Wenn wir uns heute, nach all den Jahren, zu ihrem Geburtstag im Dezember alle versammeln, die Kinder und die Partner, die Enkel und die Urenkel, dann verdanken wir das diesem magischen Augenblick, in dem unsere Mutter die Grenze überschritt und uns voranging. Still lag sie in unserer Mitte, weißes Haar, die Hände gefaltet, und segnete ihre Kinder und Kindeskinder. Sie ging allein als Gotteskind über die Grenze.

Ja, am äußersten Meer kann man die Heimat, das Vaterhaus und Mutterhaus finden. In der dunkelsten Dunkelheit, in der magisch erlebten Mitte der Nacht, am Sonnenaufgang, wenn die Sterbenden gern ihre Reise antreten, ist eine Gottesverabredung möglich. An der Grenze liegt die Kraft.

10. Hier bin ich!

Und das ist meine Demut.
Lieber, dass ich mich gebe,
wie ich bin,
und in deine Hände lege
und rufe:
Hier bin ich.

Paula Modersohn-Becker

Einer der Jahrmarktsschreier der Motivationsszene, die Wochenende für Wochenende die jungen Manager und die, die es unbedingt werden wollen, zu neuen Erfolgen anstacheln, hält einen 100-Euro-Schein in der Hand und fragt, wer ihn haben will. Verschämt oder nicht, es melden sich eine ganze Reihe der Teilnehmer aus dem Gierkurs. Plötzlich zerknüllt der große Motivationsstar auf der Bühne die 100-Euro-Note und reißt sie in der Mitte fast durch. Ein bleibender Schaden. Und dann hält er den kleinen Geldknäuel in der Hand und fragt ein zweites Mal, wer ihn immer noch haben will, da melden sich nicht weniger als beim ersten Mal. Und dann geht der Erfolgsguru hin und wirft den Schein auf den Boden, drückt ihn mit seiner Schuhspitze in den Staub der Bühne und dreht ihn quasi mit seinem ganzen Körpergewicht in den Dreck, als ob er eine Zigarettenkippe wäre, bückt sich und liest ihn, verdreckt wie er ist, wieder vom Boden auf und fragt ein drittes Mal. Nun melden sich alle und wollen ihn haben.

Und ich frage mich: Ob man mit solch einem Bewusstsein von seinem Eigenwert wohl weiterkommt, wenn man in den großen und kleinen Stürmen und Irritationen weiter auf der Reise zu seiner Vaterbegegnung bleiben will? Wer bin ich Menschlein, dass ich hier warten und das Wort erheben könnte, um mit meinem Gott zu sprechen? Nicht einmal der große Heilige Augustinus findet angemessene Worte. Was ist der Mensch?, fragt er mit dem Psalmisten. Die Kehle ist zu, der Hals ist trocken und die Zunge schwer. Kein Gebet, kein Wort auf den Lippen, das Kraft genug hätte und eben angemessen wäre. Angeredet vom göttlichen Wort verliert der Vater des Johannes, Zachäus, die Sprache und kann mit seiner Frau Elisabeth und der Öffentlichkeit nur noch mit Schiefertäfelchen kommunizieren. Da braucht Moses seinen Bruder Aaron und da schnürt es den Propheten gleich reihenweise den Hals zu. Wer bin ich, das ich mit dem Himmelsvater reden könnte? Wir brauchen Nachhilfe in Selbstbewusstsein. Offenbar haben wir das Bewusstsein verloren, Söhne und Töchter des Himmels zu sein. Wir fremdeln vor dem eigenen Vater.

»Ich will zu meinem Vater gehen!«, sagt der verlorene Sohn. Nichts kann uns trennen von der Liebe und Sehnsucht zum Vater, kein Dreck, kein Riss in unserer Biografie, keine Furchen im Gesicht und kein Trauma in der Seele. Wir haben alle und für immer den gleichen unzerstörbaren Wert. Wir sind gewollte und in Liebe geplante Söhne, Töchter, Kinder des Universums. Wir sind nicht unwichtig. Das ist unser Selbstbewusstsein. Wir können also mehr wagen und ausprobieren. Die Kraft kommt nicht aus uns selbst. So wenig wie Selbstvertrauen aus uns selbst kommt. Selbstvertrauen kommt aus der Aufgabe, die man bewältigt, und aus der Berufung, die man lebt. Sie erhebt sich aus dem Kraftfeld wie die Bergspitze aus dem Gebirge.

Aber Berufung ist kein Garantieschein für gelingendes Leben. Berufung ist das Befolgen eines Aufrufes. Der Beginn einer oft beschwerlichen Reise. »Hier bin ich!«, sagten die Propheten. Da schwingt etwas Schutzloses mit. »Hier bin ich!« Da spürt man die Erkenntnis, nackt zu sein und ohne jede Abwehrmöglichkeit. »Hier bin ich!« Da ist jemand zu sich selbst gekommen. »Hier bin ich!« Zustimmung und Unterwerfung klingen an. Unsere Väter und Mütter im Glauben stimmten an dieser Stelle einen Choral an: »Bis hierher hat mich Gott gebracht durch seine große Güte.« So weit würde ich mit meinem Bekenntnis auch gern kommen.

Nichts in der Welt funktioniert gleich beim ersten Mal gut. Rom ist nicht an einem Tag erbaut worden und Olympiasieger werden nicht als Sieger geboren, sondern über Jahre durch Training gemacht. Alles muss man lernen. Und Lernen bedeutet, es genau an der Schmerzgrenze, an der man aufgehört hat, wieder aufzunehmen. Ein Seelenkater ist auch nur wie ein Muskelkater. Nach dem Hinfallen, dem spürbaren Muskelkater in der Seele, muss es immer und immer wieder wiederholt werden. Es gibt mittlerweile in unseren Single-Zeiten Kontaktbörsen und Flirtschulen. Warum sollte es nicht Schulen für Mystiker geben, die Schritt für Schritt und Stunde für Stunde weiter in die Kunst des Sohnseins oder Tochterseins einführen? Warum soll eine Kontaktaufnahme mit dem ewigen Vater nach vielen Jahren der Sehnsucht und der Entfremdung im Grunde anders sein als das Wiederfinden des leiblichen Vaters und der leiblichen Mutter? Was also muss ich tun und einüben, um meinen Vater wiederzufinden?

Mir erzählen alle Kinder, die über Jahre ihren Vater verloren hatten und ihn dann wiedergefunden haben, im Grunde dieselbe Geschichte. Sie haben einfach nicht nachgelassen, den Vater zu suchen. Da war ein Ziehen in ihrem Herzen. Sie wussten, sie gehörten zu jemand Größerem, so wie der Rufer in den Bergen oder am Gestade des Meeres. Es war ein bleibender Schmerz. Sie haben die Flinte nicht ins Korn geworfen. Da gab es immer Situationen, in denen sie resignierten. Aber dann war die Sehnsucht doch stärker. Da können vierzig Jahre lang Mauern zwischen Ost und West alles zerschnitten und zerstört haben. Aber die Sehnsucht aus der anderen Wirklichkeit kann man nicht zerschneiden. Da können einer Seele die furchtbarsten Schreckgeschichten über den verlorenen Vater erzählt werden, in Wut und Enttäuschung hält sie dennoch an ihm fest. Solche »Vätervergiftungen« wirken eher wie ein Sedativum. Die Sehnsucht wirklich ausreißen können sie nicht.

So wie bei den beiden jungen Männern, die jenseits der dreißig zum ersten Mal wieder ihren Vater sahen. Der war nach dem Krieg als kanadischer Soldat ins Ruhrgebiet abkommandiert worden und hatte sich in ein deutsches Mädchen verliebt und es mit nach Kanada genommen. Da bekam sie ihren ersten Sohn und als der zweite unterwegs war, ging sie mit den beiden Söhnen, den einen an der Hand, den anderen unter dem Herzen, weg von ihrem Mann. Über dreißig Jahre lang haben die Söhne ihren Vater nicht gesehen. Und als ich ihn für die Söhne habe ausfindig machen können und wir eine Webcamverbindung aufbauten und sich Vater und Söhne zum ersten Mal sahen, kam bald die immer gleiche Geschichte: Wer hat wen gesucht? Und gibt es dafür Beweise, dass man die Hoffnung auf ein Wiedersehen nie aufgab? Da krempelt der ferne Vater in Kanada sein Holzfällerhemd hoch bis zur Achsel und zeigt seinen fernen Söhnen in Deutschland eine Tätowierung. Als er näher an die kleine Kamera geht, können wir es erkennen: Dort stehen die Namen seiner Söhne! An keinem Tag waren die Söhne nicht bei ihrem Vater! Tätowieren heißt immer, dass etwas außerhalb der Zeit gültig bleiben soll. Tätowieren heißt: In Ewigkeit. Amen! Ob man nun sucht oder ausschließlich wartet. Entscheidend ist immer, dass man die Hoffnung nie aufgibt.

So ließ auch der deutsche Nationalfußballtorwart Robert Enke den Namen seiner kleinen Tochter, die nur zwei Jahre alt wurde, in gotischen Schriftzeichen auf seinen rechten Unterarm tätowieren. Genau dahin, wo man hinguckt, um die Zeit an der Uhr abzulesen. Tätowierungen zeigen Zugehörigkeiten. Sie sind ein sichtbares seelisches Brandzeichen dafür, dass man zwar scheinbar vogelfrei und autark ist, im Grunde aber genau das Gegenteil ersehnt: nämlich Zugehörigkeit in Ewigkeit. Amen! So sind Vater und Tochter Enke auf ewig verbunden. Weil die Kleine sich nicht bewegen kann, bewegt sich der Vater auf die Tochter zu.

Wie findet man den unendlich fernen Vater in den Himmeln, der nach dem Propheten Jesaja die Namen seiner »Kinder« in seinem eigenen Herzen quasi auf Ewigkeiten eintätowiert hat? Und was soll ich ihm sagen? Wie soll ich zu ihm reden? Wäre ein »Vater unser« das Richtige und angebracht? Das kennt er ja seit zweitausend Jahren. Kann ihn das aus seinen tiefen Höhen locken? Aber sind das wirklich und herzlich meine Worte? Gottsucher und Pilger wissen im Grunde doch gar nichts über den Vater, was nicht von Bildern und Anderleutserfahrung verklärt oder verzerrt wäre. Wir müssen uns von den Gebetsvorlagen lösen und mit den älteren Geschwistern des Franz von Assisi, nämlich der Schwester und dem Bruder Tier neu nach Mutter und Vater rufen lernen. Was machen denn die verlorenen Tierkinder, wenn sie nach der Mutter oder nach dem Vater rufen? Sie geben nur ein Zeichen der Unterwerfung und Hilfsbedürftigkeit und Zugehörigkeit. Mehr nicht! Beim Menschen sind das drei Worte: »Hier bin ich!« Es ist kein stolzes Rufen. Es ist mehr ein Jammern. Es ist die Not, die ruft. Ohne dich, das weiß das Kind, werde ich nicht mehr lange sein. Und so rufen die verlorenen Soldaten in den Schützengräben in aller Welt diesen Satz. »Mama!«, »Papa!«: Das sind die kürzesten Varianten der drei Worte. Sie sind der eigentliche Kern des: »Hier bin ich!«

Vielleicht ist das die größte Wahrheit, die man jetzt auf seinem Weg und angesichts der Grenzerfahrungen mit dem Allmächtigen vorsichtig für sich formulieren kann. »Hier bin ich, Papa!« Wie ein Moses, der aus einem kleinen Binsenkörbchen heraus an die höchste Spitze des Gottesberges geführt wird. Bis hierher hat mich Gott gebracht. »Hier bin ich, Gottvater«, ist so ein Adamswort aus dem Paradies. »Hier bin ich, Mama«, in meiner Nacktheit. »Hier bin ich endlich, mach mit mir etwas!« »Hier bin ich«, was ich bin. »Hier bin ich« und ich stelle mich. Ich bin bereit. Meine Sehnsucht, zu dir zu gehören, ist größer als jeder mich von dir trennende Individualisierungsimpuls und Freiheitsgedanke. »Hier bin ich!« Das ist der Anfang der Kommunikation. In diesen drei Worten ist kein Falsch. Sie sind echt. Sie strömen aus dem Herzen. Wer sie ein ums andere Mal wiederholt, hofft darauf, dass die Schwingung der Präsenz immer tiefer geht. Dieses Wort kann nicht auf verstockte Ohren treffen; es wird sie öffnen. »Hier bin ich und ich will dazugehören. Hörst du mich?« Ich will deinen Segen! Nur darum geht es mir. »Hier bin ich!« ist daher ein Bekenntnis.

Wenn verlorene Kinder von heute so nach ihrem leiblichen toten Vater rufen, was passiert dann? Er wird kommen. Das Musical »Yentl« erzählt davon, dass eine Rabbinertochter in der Männergesellschaft verbotenerweise studiert. In dem Film ruft Hauptdarstellerin Barbra Streisand in einem Lied herzerweichend nach ihrem verstorbenen »Papa«:

Oh God – our heavenly Father.
Oh God – and my father
Who is also in heaven
May the light of this
Flickering candle
Illuminate the night the way
Your spirit illuminates my soul.
Papa, can you hear me?
Papa, can you see me?

Papa, can you find me in the night?
Papa, are you near me?
Papa, can you hear me?
Papa, can you help me not be frightened? (...)
Papa, how I miss you
Kissing me good night.

Wer den Vater finden will, muss an magischen Grenzorten auf sein Gefühl und sein Herz achten. Sie allein sind unsere Antennen für ein gelingendes Leben. Sie unterscheiden zwischen sich und dem großen Draußen, dem Anderen, zwischen kleinem Subjekt und allmächtigem Objekt, zwischen Abhängigem und Unabhängigem, zwischen dem Zeitlichen und dem Ewigen. Und sie spüren die Macht des Großen und Einen da draußen. Und dann spüren sie eine Sehnsucht danach, dazuzugehören, wie einen Schmerz nicht gelebter Liebe. Den Tropfen zieht es nicht nur zum Ozean, der Ozean scheint den Tropfen sogar wahrnehmen zu können. Das Ewige schaut sich nach dem Zeitlichen um. Die Sehnsucht nach Zugehörigkeit und Heimat ist deutlich spürbar. Zugehörigkeit ist ein Ergebnis des Ge-Hörens und Ge-Horchens. So wie man in meiner Heimat auf die Frage nach dem Namen nicht den Vornamen nennt, sondern seine Zugehörigkeit mit seinem Familiennamen oder dem Namen seines Vaters oder seiner Mutter offenbart.

Es ist derzeit beliebt, Schwarmtheorien zu studieren, bei den Fischen und den Vögeln, bei den Insekten und bei den Menschen in Fußgängerzonen, auf Autobahnen und an Notausgängen. Es muss da eine kollektive Intelligenz oder Führung geben, die wir während der Jahrhunderte unserer Individualisierung aus den Augen und aus dem Sinn verloren haben. Wir sind keine Individuen. Wir sind das Teil eines Ganzen.

Wir tragen die Informationen des Ganzen in uns wie ein Haar die DNA eines ganzen Menschen birgt, seiner Sippe und die Geschichte seiner Sippe und die Geschichte der ganzen Spezies und des Planeten. Alles ist gespeichert und alles wirkt.

Darum ist es auch kein Wunder, dass wir uns in unserer individuellen Haut nicht besonders wohl fühlen. Individuelle Freiheit ist kein Wert an sich. Sie ist ein so kurzer Zustand wie die Gegenwart zwischen Zukunft und Vergangenheit. Zugehörigkeit ist ein höheres Ziel als Trennung und Unterscheidung von allen.

Das Bekenntnis des »Hier bin ich!« hat seine besondere Zeit. Wiewohl man es zu jeder Zeit leben und üben kann, gibt es eine große Schwingung im Leben, die dem »Hier bin ich!« eine Extrakraft verleiht. Wie weit ein Mensch auf seinem persönlichen Pilgerweg gekommen ist, wie weit er schon von zu Hause entfernt ist und wie weit noch von zu Hause entfernt, kann man leicht an seinen Gebeten erkennen. Sage mir also, was und wie du betest, und ich sag dir, wie weit du bist auf der Gottesreise.

Die Entwicklung dorthin beginnt in der Kindheit, in der das Christkind noch handfeste Geschenke bringt, mit der Bitte um materielle Güter und wechselt als Gebet in der Schulzeit ins eher geistige Feld. Die Kinder bitten nicht mehr um Computer, Fahrräder oder Spielkonsolen. Jetzt bitten und beten sie um Kraft, Erfolg und gute Zensuren. Und je älter sie werden, umso mehr bitten sie um Selbstbewusstsein und Stärke. Auf ihren Koppelschlössern, mit denen sie in den Krieg, ihren Lebenskampf, ziehen, steht jetzt: »Immanuel – Gott mit uns!« In Gottes Zeichen wollen sie siegen. Das hält so lange vor, wie sie überhaupt mit ihrer Kraft siegen können. Nimmt die äußere Kraft ab, ändern sich auch ihre Gebete. Gott wird nicht mehr wahrgenommen als absoluter Erfolgsgarant. Er wird jetzt, jenseits der Siege und mit über vierzig, wahrgenommen als möglicher weiblicher Schoß, als Trost. In dieser Zeit kommt das »Hier bin ich!«-Gebet. Es ist eine Standortbestimmung der Seele, die nicht mehr siegen will oder kann, die versucht ihren Frieden zu machen mit ihren Schwächen und Schatten. Sie schwenkt langsam ein und bemerkt, dass Gott eher ein Trostpotenzial ist, etwas Weibliches, etwas Bergendes, etwas Ruhe-Spendendes: »Maria, den Mantel um uns breite!«

11. Der Gott der kleinen Zeichen

Vor lauter Lauschen und Staunen sei still,
du mein tieftiefes Leben;
dass du weißt, was der Wind dir will,
eh noch die Birken beben.

Und wenn dir einmal das Schweigen sprach,
lass deine Sinne besiegen.
Jedem Hauche gib dich, gib nach,
er wird dich lieben und wiegen.

Und dann, meine Seele, sei weit, sei weit,
dass dir das Leben gelinge,
breite dich wie ein Feierkleid
über die sinnenden Dinge.

Rainer Maria Rilke

Der Weg zur kleinen Klosterkirche am See führt ein paar Kilometer lang nach Süden. Und wo der Weg durchs Schilf unmittelbar am See entlangführt und wenn es Abend geworden ist, setze ich mich dann und wann und je nach Witterung an den Kiesstrand. Da sitze ich und schaue auf den See, ziehe die Knie an meinen Körper, lege den Kopf schräg auf die angezogenen Beine und lausche. Der Wind hat sich gelegt. Er spielt nicht mehr mit meinen Haaren. Als wenn auch er wüsste, dass es bald Abend wird. Da lohnt kein Streit mehr. Und da legt sich auch ein Wind gern hin und schläft ein wenig. Die Wellen des Sees lassen sich nicht mehr von ihm jagen und aufwühlen und kommen, ohne noch weiter zum Ufer wandern zu müssen, auch nach Hause in ihre ewige Stille und Mitte zurück. Zu Hause ist immer die Mitte. In der Mitte liegt die Kraft.

So ein Abend hilft der Seele des kleinen Menschenkindes da am Schilfufer, das da höchstens ein paar Jahre sitzen kann, während der Wind und der See von Jahrtausend zu Jahrtausend ihr Alter zählen. Altehrwürdiger See, du nimmst mich auf und trägst mich! Nur einen Augenblick lang will ich mit dir reden, wie es ein Schamane tut. Als ob auch du eine Seele hättest und ganz bewusst auf mich einwirktest. Ich spüre dir nach. Meine Seele spürt. Es sind eben nicht nur die großen Berge, der Sternenhimmel, die Wüste und das Meer, die mich an die Grenzen meines Lebens führen können. Du kannst es auch. Alle können es. Bäche murmeln ihre Botschaften, Bäume ducken sich und stecken ihre Köpfe zusammen und erzählen davon, dass man nicht weglaufen und trotzdem Frucht bringen kann. Die Ähren wiegen sich im Takt des Windes und eine Trauerweide lässt bergend die langen weichen Zweige hängen. Aber das Wasser weiß eben am meisten von allen und hat die größte Wirkung. Das Wasser ist die Mutter von allem. Es hat die größte Weisheit und alle bergenden und gebärenden Kräfte. Es kennt alle Verwandlung, alle Auferstehung. Es spürt die Sehnsucht, zum Ozean zu gehen und von dort wieder aufzubrechen, wenn die Sonne ruft.

Der Abendsee hat Macht über den kleinen Menschen hier und ist für mich ein Abendsegen der Natur. An solchen Seen fand Jesus seine Jünger. Wie oft traf er sich am See Genezareth mit seinen Leuten? Wie oft stieg er da in ein Boot, um ein paar Meter vom Ufer aller festen Erwartungen und Berechnungen abzulegen und so, etwas entfernt, den See und das Wort auf die Menschen wirken zu lassen? Wasser trägt deine Stimme weit. Es trägt alle Schwingungen und speichert sie. Wasser kann tragen.

Jesu Schüler mochten zwar in ihrem Leben noch nie richtig Lesen und Schreiben gelernt haben, aber Herzensbildung liefert so ein See allemal. Und Furcht und Liebe auch. Er liefert die Lebenserfahrung, dass man den Mächten der Natur ausgeliefert leben muss. Hier lernt man, um Hilfe zu schreien. Hier lernt man das Lauschen. Der See liefert genug Erfahrung, um die Naturgleichnisse des Meisters aus dem Dorf zu verstehen. Religion ist eben keine städtische Erfindung. Die Wurzelsucher des Lebens leben immer draußen vor der Stadt. Hier wohnen die Propheten. Sie nehmen an den göttlichen Kräften der Natur ihr menschliches Maß. Sie spüren die große Schwingung von Tag und Nacht, Lärm und Stille, Macht und Ohnmacht, Krieg und Frieden, Himmel und Hölle, Yin und Yang. Und sie wissen ganz genau, dass die große väterliche Schwingung und Bewegung die kleine Schwingung mitnehmen kann auf die Reise ins Wilde und die Reise in die Stille. Der See beruhigt mich. Die kleinen Wellen auf dem Kies geben mir wieder das alles beruhigende Mantra der Natur in mein Herz. Alles ist Schwingung. Jede Zelle schwingt. Das Universum schwingt. Alles schwingt. Alles singt. Alles ist wie eine Sinuskurve. Auf und ab. Und wenn einiges zu hoch oder zu tief erscheint, fehlt nur der Abstand und die Geduld, es später von einer anderen Warte aus neu zu betrachten. Alles schweigt singend und singend schweigend.

Da können die einzelnen Menschen, die abends gemeinsam an so einem Strand sitzen, mit ganz unterschiedlichen Frequenzen und Ängsten und Sorgen und ganz unterschiedlichen inneren Strategien gekommen sein und hier sitzen und machen, was sie wollen. Der See wird sie alle auf seine Frequenz umstellen und einstimmen und vereinigen. Er ist so stark. Sie werden wie er schweigen und zur Ruhe kommen und gemeinsam der Stille lauschen. Wie macht der See das?

Er folgt nur einem physikalischen Gesetz. Man stelle einige gänzlich unterschiedlich schlagende Metronome auf eine Schaukel. Was geschieht? Binnen kürzester Zeit werden die Metronome alle im gleichen Takt schwingen. Die Schwingung der Schaukel, die die Metronome mit ihren kleinen Schwingungen ausgelöst haben, beruhigt sie alle mit der Zeit und vereint sie auf ihre große Schwingung. Das Große integriert das Kleine wie eine Glucke ihre Küken, wie eine Mutter ihr Kind und wie ein Vater seinen Sohn.

So ein »Ohren-Mantra« aus leisen Wellen, die auf dem Sand auslaufen in Ewigkeit, so ein »Om« oder »om mani padme hum«, ein »Hare Krishna« mit und ohne Zimbeln, geht eben ins Ohr und von dort direkten Weges ins Herz. Am Abend geht nichts mehr ins Auge. Die Augen werden geschlossen. Es gab genug zu sehen. Es gibt keine Feinde mehr, die man jetzt noch rechtzeitig erkennen muss. Hingabe liegt in der Luft. Und in der täglichen Sorge und Unruhe des Herzens ordnet das See-Mantra der Wellen die aufgebrachten Nerven. Das See-Mantra erschafft das Gefühl, dass man sich von Herzen gern einer großen, väterlich-mütterlich wirkenden Kraft überlassen und ausliefern und hingeben will. Mantras schaffen Vertrauen. Sie bilden im Herzen eine Art wohliges Nest. Geborgenheit zieht ein. Mantras wirken regressiv. Sie führen uns in die Ruhe. Wir geben dann gern die ständige Kontrolle aus der Hand.

Urvertrauen steigt aus der Erinnerung auf. Urvertrauen oder Gottvertrauen, es ist ein Vertrauen ins Leben. Was ist das für ein Irrtum, dass es Selbstvertrauen ohne Urvertrauen geben könnte. Hier sitze ich am Ufer des Sees und er wiegt mich vorsichtig wie eine Mutter und ein warmes Vertrauen zieht in mein Herz ein. Alles ist gut! Alles wird gut! Alles war schon da und alles wird da sein! Alles ist eins! Und eins ist alles! Amen!

Wenn ich jetzt aufstehe und gehe und die Hände an den Schilfstängeln entlangstreichen lasse und weiter den See entlanggehe zur kleinen Klosterkirche, dann sitzen dort schon die »alten Weiblein« aus dem Dorf. Vorne in den ersten zwei Reihen haben sie sich auf die Kirchenbankenden gesetzt. Ich kenne sie. Es sind hagere Frauen. Ihre Kleidung ist nicht mehr bunt und ihre Frisuren sind am Morgen durch ein paar Bürsten- und Kammbewegungen in Ordnung gebracht worden. Jetzt, wo die Sonne geht, sitzen sie da und durch ihre knochigen Finger gleiten die Perlen des Rosenkranzes. Die Frauen mit ihren Rosenkranzgebeten sind auf ihre stille Weise meine Lehrerinnen der letzten Jahre geworden. Vier, fünf, sechs alte Frauen werden es heute wieder sein, die sich um diese Abendzeit oft dort treffen, um zu beten. Machen die eigentlich etwas anderes als ich hier am See? Ist das »Ave Maria« nicht ein Mantra geworden, das sie, Fäden gleich und unsichtbar, wie eine Seidenraupe endlos lang aus ihren Seelen in die kühle Abendluft der Klosterkapelle entlassen?

Gegrüßet seist du, Maria, voll der Gnade,
der Herr ist mit dir.
Du bist gebenedeit unter den Frauen,
und gebenedeit ist die Frucht deines Leibes, Jesus.
Heilige Maria, Mutter Gottes,
bitte für uns Sünder
jetzt und in der Stunde unseres Todes.
Amen.

Das Marienmantra legt sich um sie und ihre kleine Gruppenseele wie ein schützender Kokon, ein Marienmantel, und er wird immer enger und fester und undurchdringlicher. Der alte, böse Feind und alle Ängste dieser Welt haben keine Macht mehr über die Seelen der alten Frauen da vorn in der Kapelle. So gebrechlich und schwach sie hier auch erscheinen mögen. Sie sind nicht mehr schwach. Sie sind jetzt frei von Angst. Vertrauen ist aus ihren Tiefen aufgestiegen und das »Ave Maria«, das auch in der Stunde ihres Todes noch wirken wird, wirkt jetzt wie ein Marienmantel und hält sie darin warm. Gleich werden sie die dunkel gewordene Klosterkapelle verlassen, ihre Strickjacken fester und enger um den Körper zusammenziehen, um die kühle Feuchtigkeit nicht an ihren Körper zu lassen, und alles, was der Tag ihnen bescherte, austauschen und erzählen. Alles wird gut!

Das ist ja die Leistung eines jeden Gebets. Sein Inhalt zählt genauso wenig, wie das Ziel für den Weg wichtig ist. Beten zählt. Es führt den Beter in die Gottesnähe. Es führt ihn auf den Schoß des Vaters und der Mutter zurück. Beten ist eine Bewegung des Trostsuchers. Er benutzt eine Trosttechnik, damit er bei Trost bleibt und nicht an dem, was er erleiden muss, verrückt wird, damit er bei sich bleibt und nicht außer sich gerät. Beten verändert nicht die Welt. Beten verändert den Beter und mit ihm die Welt. Der Beter ist ein Teil eines kosmischen Mobiles, das in seine Ruhe zurückfindet. Da wird auch der Kosmos ein wenig ruhiger und gibt Ruh. Wenn ein Schmetterling in China ein Erdbeben auslösen kann, kann ein Beter in Europa den Frieden bringen.

Abend am See! Abend in der Seele! Germanisten wissen, dass See und Seele verwandt sind. In unseren Herzen haben sie einen gemeinsamen Erfahrungsraum. Und was macht das hier erlebte Vertrauen mit den alten Frauen und mit mir? Die Antwort lautet: Sich-Trauen. Es ist dieselbe Wortwurzel, die den Weg durchs Leben weist. Vertrauen gibt den geschenkten Mut weiter. Vertrauen ermutigt. Vertrauen stärkt. Selbstvertrauen ist die rechte Antwort auf Gottvertrauen.

Nach ein paar Hundert Metern geht jede der Frauen den Rest des Weges vertrauensvoll allein. Es ist die uralte Technik nicht nur dieser Frauen, gerade aus der Stille ihren Mut zu nehmen. Es ist das Zen unserer Breiten, das Zen katholischer Frauen, gerade durch ein unendliches »Marien-Mantra« Stille in ihr Herz einziehen zu lassen, in der dann das »Nichts« geschieht. Es ist ihre »Technik« und die »Technik« ihrer Mütter und Väter. Willkommen in der Stille! Hier finden die universalen Gottesbegegnungen statt, nirgendwo sonst. Und niemand braucht mehr auf einen heiligen Berg Kailash, einen Zion oder Croagh Patrick oder auf einen anderen heiligen Berg zu klettern und vor einem Dornbusch zu knien. Sie helfen, das ist keine Frage. Aber heilig allein ist die Stille. Heilig ihr Name!

So ein Mantra ist ein Ritual der Seele. Wie ein kostbares, aus feinem farbigem Sand gelegtes tibetisches Welttheater führt es die Seele in die Stille. Rituale schaffen Ordnung. Und so beginnt jede regelmäßige Gottesbegegnung mit Ritualen. Mit äußerer und innerer Reinigung, Waschungen an Füßen und Seelen. Alle unsere Gebete, die wir in unseren christlichen Gottesdiensten sprechen, sind Ritualgebete. Wo sie individuell formuliert werden, werden sie nur zu schnell in ein Korsett von Kontrolle und Ablesen und Leiern gebunden. So aber kann nichts passieren. So bieten sie sich als Vertrauensebene an. Sie legen sich wie ein Mantel um unser Herz. Sie wirken bergend. Die Worte unserer Gebete sind nicht entscheidend. Worte wirken in jeder Kommunikation nur zu einem sehr geringen Anteil. Das gilt in der Kommunikation mit Gott genauso. Nicht die Worte sind entscheidend, es ist der Klang und die Wiederholung, der Wellenschlag des Geistes. Er wirkt wie eine Schamanentrommel, die den Geist erlösen, beruhigen und in andere Sphären tragen soll und auch kann.

Wenn unsere Ritualgebete alt sind, schwingt mit, dass sie von unseren Eltern, Vätern und Müttern schon gesprochen und genutzt wurden. Sie sind alt-ehrwürdig und wirken. Die Wolke der Zeugen wird spürbar. Man muss nur einmal vor einem solchen Gebet darauf hinweisen, dass die eigenen Mütter und Väter dieses Gebet gesprochen haben, schon wirkt es tiefer. Es imitiert Vater und Mutter und stärkt die Wurzelkraft. Dann stehen wir auf und singen denselben Choral wie unsere Eltern in ihrer Not und unser Rücken und unser Rückgrat wird spürbar durchblutet. Die Liebe zu Vater und Mutter wird gestärkt.

So gesehen ist das Zentralgebet des Christentums, das von seinem Vorbeter und Entdecker, Jesus von Nazareth, inhaltlich konzipiert wurde, zu einem Ritualgebet geworden, in dem sich die einzelnen Beter zu einem über den Tod hinausreichenden Kollektiv zusammenschließen.

Vater unser im Himmel,
geheiligt werde dein Name.
Dein Reich komme.
Dein Wille geschehe,
wie im Himmel so auf Erden.
Unser tägliches Brot gib uns heute.
Und vergib uns unsere Schuld,
wie auch wir vergeben unseren Schuldigern.
Und führe uns nicht in Versuchung,
sondern erlöse uns von dem Bösen.
Denn dein ist das Reich und die Kraft und die Herrlichkeit
in Ewigkeit.
Amen.

Jesus selbst aber betet anders. Er betet, ohne zu bitten. Er lauscht dem Himmel seinen Willen ab. Er rät seinen Anhängern von öffentlichem Beten ab. Er möchte die spirituelle Energie nicht in der Öffentlichkeit verschwenden. Er rät dazu, dem Vater im Himmel keine Vorträge zu halten und keine Agenda zu präsentieren, die aufzeigt, wie es eigentlich in der Welt zugehen müsste. Die Christen und Kirchen halten sich selten daran. Jesus hat ein Gebet der Stille entworfen, das die Lebenden und die Toten miteinander verbindet. Die Lebenden sprechen es mit ihren Verstorbenen gemeinsam. Es ist von Jesus aus in der Perspektive von Himmel und Erde gebetet. Die Beter im Himmel und auf Erden beten gemeinsam. Sie richten sich aus auf einen gemeinsamen, auf »unseren« Vater. Beide zusammen aus je ihrer Sicht und Erfahrung formen ein Himmelsvaterbild, das im Himmel und auf Erden gleich und ergänzend wahrgenommen wird. Wer denn sonst soll mir kleinem zeitlichem Menschenkind auf Erden denn bestätigen, dass Gottes Ordnung gilt, wenn nicht die Vorgefahrenen aus ihrer höheren Warte? God is watching us »from a distance«. Und nicht nur er. Wenn Josef Ackermann, der Chef der Deutschen Bank, sein Gehalt mit dem Gehalt der Banker der Wall Street vergleicht, dann kommt in ihm kein Glücksgefühl auf. Er hat da nur die Silbermedaille errungen. Wenn er aber vom schweizerischen St. Gallen aus in die Berge hochsteigt zum Friedhof, auf dem sein Vater liegt, und seinen Vater fragt, ob fünfzehn Millionen Euro pro Jahr genug sind, dann kommt aus dem Grab eine andere Antwort als von der Wall Street. Die Verstorbenen mäßigen. Sie kennen das Maß. Sie kennen die Ordnung.

Wer sonst kann mir denn die fehlende Lebenserfahrung liefern, dass es allein Gottes Wille ist, der geschieht und geschieht und geschieht? Das können nur die Verstorbenen. Wir hier unten haben vielleicht Einblick und nur für Zeiten einen Überblick. Sie da oben oder da drüben haben den ewigen Überblick. Wer denn sonst kann den Abstürzen des individuellen Lebens noch Sinn und Ordnung geben, wenn man, um den Sinn dafür überhaupt zu finden, über den eigenen Tod weit hinaus nach dem Sinn und der guten Ordnung suchen gehen muss? Wenn man den Ausgleich für ein scheinbar verpfuschtes kleines Leben über Jahrhunderte zu suchen bereit und fähig sein muss? Jetzt geht es in Ordnung. Die Familie, die Söhne und Enkel können es nehmen und annehmen. Wo einmal nur ein Abgrund war, ist jetzt ein Ort der Anbetung. Das harmonische Auf und Ab des Lebens, die Sinuskurve der Schöpfung, ist nicht identisch mit dem Auf und Ab eines individuellen Lebens. Die Melodie der Schöpfung wird für Jahrtausende komponiert und fängt nicht bei jeder Generation neu an. Da kann es sein, dass ein einzelner Ton völlig sinnlos über die Notenlinien taumelt. Abwarten ist gefragt, Meditation und Geduld, Wiedergeburten, eine Sicht auf das Leben, die über den Tod hinausgeht!

Wen denn sonst sollen wir um Führung angehen, wenn nicht die, die den weiten Überblick haben und wissen, dass alle Haare auf unserem Haupt längst gezählt sind? Wenn wir uns im ewigen Gebet des »Vater unser« darin einig sind, dass hier Bekenntnisse von unseren Vätern und Müttern vorgetragen werden, dann kommt es zum triumphalen Schlussgesang des Lebenden, der den Tod nicht kennt und nicht fürchtet: »Denn Dein ist das Reich und die Kraft und die Herrlichkeit in Ewigkeit. Amen!«

Der Vater, auf dessen Schoß man betend und Trost suchend rutscht, gibt Antwort. Bevor er aber da und dort und dann und wann auch als Stimme wahrnehmbar wird, antwortet er durch Zeichen, die einem Muster folgen, das C.G. Jung einmal Synchronizität nannte. Irgendetwas fällt dem Lauscher ins Auge oder ins Ohr, das zu seinem Zustand passt. Als ob es ein Echo oder eine Antwort wäre.

Der junge Rechtsanwalt betet schon lange nicht mehr. Warum auch! Sonntag ist Motorrad-Tag. Da spürt man im Gegenwind, dass man noch lebt und die Kinder einen nicht aufgefressen haben und die Frau nicht nervt. Aber dann starb das kleine Kind seines Sozius. Und sie beteten bei der Trauerfeier in der Kirche und ihm wird klar, wie dünn das Eis des Erfolges ist, auf dem er lebt und Motorrad fährt. Er schaut in sein unglückliches Stück Leben und bittet wie ein Kind mit großen Tränen in den Augen und auf der Wange um ein Zeichen, wie es mit ihm weitergehen solle. Ob er in seine Familie oder in seine Karriere investieren solle? Da stirbt eine Woche später der Chef der Kanzlei und man bietet ihm die Nachfolge an. Ist das Zufall? Synchronizität ist auch nur ein moderner Gottesname.

Trauernde auf dem Friedhof, deren Haut und Seele durchlässig geworden ist wie sonst nie im Leben, bekommen von diesen Zeichen am meisten mit. Seit alters her bemerken sie, dass die Uhren stehen bleiben können, wenn ein Mensch stirbt. Gut, das Uhrwerk mag abgelaufen sein, aber warum gerade in dieser Nacht, zu dieser Zeit, als einer starb? Technische Erklärungen gibt es immer gute und richtige. Synchronizität hingegen lebt von der merkwürdigen Gleichzeitigkeit von zwei und mehr Phänomenen, die sich gegenseitig auf einmal interpretieren und deuten. Warum flog eine dicke Fliege um meinen ältesten Bruder herum, kreiste wie eine Taube über dem Taubenschlag, genau zu der Zeit, als mein Vater Helmut Fliege mit einem Gottesdienst beerdigt wurde? Was sollen die Totenvögel, von denen immer berichtet wird? Warum sang die Drossel an Papas Beerdigungstag? Das Herz geht in Resonanz und empfängt und deutet die Botschaft.

12. Berufung

Der Himmel ruft; weg, Fleisch, weg, Erde,
Mein Ruf will, dass ich himmlisch werde,
Mein Gott ist hier, ich beuge mich!
Ich will mein All's, mein Liebstes schenken;
Still, eignes Wollen, Wirken, Denken,
Herr, rede du, dir schweige ich!

Gerhard Tersteegen

Vieles, was ich von Menschen und ihren Seelen weiß, habe ich still lauschend am Krankenbett gelernt. Das gilt ganz besonders für die Beobachtung, dass zu einem gelungenen und geglückten Menschenleben offenbar eine Art Berufungserlebnis gehört. Für manche klingt das nach Lourdes oder nach dem heiligen Augustinus, nach Ordenseintritt oder nach Luther auf einem thüringischen Kartoffelacker im Regen oder auch nach Jeanne d'Arc. Oder nach Pfarrer- oder Chirurg-Sein aus Berufung. Als ob es nur für Geistliche eine notwendige Berufung gäbe und nicht für jedes andere Lebewesen! Berufungen gehören zum Leben. Jede Lebensstufe kennt sie. Berufungen rufen in die anstehende Ordnung. Berufungen stiften Sinn.

Die Instanz, die beruft, scheint außerhalb des jeweiligen Menschen zu arbeiten. Eine Pflanze etwa wächst und gedeiht nach einem Masterplan, der nicht nur in ihr wirkt. Rupert Sheldrake führt hier den Begriff der »morphogenetischen Felder« ein: Wirkkräfte, die außerhalb von Zeit und Raum identifiziert werden wollen. Als ob alles, was lebt, nicht nur von einem Anfang aus wächst, sondern auch auf ein unbekanntes angepeiltes Ziel hin gedeiht. Sehnsucht ist der Schmerz, der die Menschen wie mit einem unendlich langen unsichtbaren Gummiband den Weg entlangzieht. Die Weltgesundheitsorganisation (WHO) definiert Gesundheit als einen Zustand von körperlicher, psychischer, sozialer und spiritueller Harmonie. Lebenssinn gehört demnach zu einem gesunden Menschen. Das klingt für mitteleuropäische Ohren merkwürdig. Und so ist es auch kein Wunder, dass der Zusatz »spirituelle

Harmonie« von indischen Delegierten in die Definition der WHO eingebracht wurde.

Am Krankenbett erlebt man die unbewussten Wege des Patienten in eine neue Berufung hinein. Das geschieht in der individuellen Bewältigung der Krankheit in verschiedenen Phasen. Krankheit ist immer auch eine spirituelle Reise ins Innere. Als ob ein Kranker für eine Zeit lang in ein Kloster eintreten würde. Er lässt alles hinter sich. Er zieht sich zurück. Er will nichts essen und trinken und hören und sehen. Er fastet. Er wird still. Er schließt die Augen. Er wendet sich von den anderen ab. Er ist isoliert. Er lauscht. Er ist dann mal kurz weg. Gedanken steigen in ihm auf. Sie beschäftigen sich mit der aktuellen Situation des Patienten, aber auch mit seinen Lebensentwürfen. Und wenn die Krankheit ernst ist, kreisen die Gedanken auch um die Frage, ob man sein Leben und seine Aufgaben nicht verfehlt hat. Ein kranker Mensch grübelt, ob er seinen Platz gefunden hat, ob seine Begabungen und Gaben in seinem gelebten Leben zur Aufgabe wurden. Ob des Lebens Ruf, den Hermann Hesse in jeder Phase des Lebens vermutet, auch gehört wurde. Das Grübeln gipfelt in der Frage, ob man genug geliebt hat und genug geliebt wurde und ob man sich hat genug lieben lassen. Denn in die Liebe wird man gerufen. Lieben ist die Berufung des Menschen.

Wie nimmt man den Ruf des Lebens und Liebens wahr? Es haben ja nicht alle die Erfahrung eines schwulen Landgerichtspräsidenten, der aus dem Staatsdienst flog, weil er seinen Kollegen gegenüber davon berichtete, dass Gott zu ihm gesprochen habe und er jetzt seine homosexuelle Begabung als Berufung lebe. Kritischen Anfragen konnte er durch die Aussage begegnen, dass er nach Zigtausenden Zeugenaussagen davon ausgehe, dass er die Stimme Gottes und seine eigene wohl unterscheiden könne. Es hat nichts genützt. – Wie nimmt man also so eine Berufung wahr? Indem man sie erst einmal nicht wahrnimmt. Sie schleicht sich normalerweise ein. Berufungen zieht man sich zu.

Hape Kerkeling schildert in seinem Pilgerbuch, wie er mehr oder minder ungeduldig und mit Blasen an den Füßen auf eine Gottesbegegnung und Berufung wartet. Er war ja mal kurz weg, um dem lieben Gott »oder so« zu begegnen. Aber der ließ ihn mit den Wundmalen an den Füßen erst einmal ins Leere laufen. Die Leere ist genau da, wo Gott offenbar wohnt. Gott war nicht auf den Bergen und auch nicht in den Tälern Nordspaniens. Er war nicht in den Städten und er war nicht in der Stille. Er war nicht in den Pilgerherbergen und nicht in den verrücktesten und exotischsten Begegnungen. Er war einfach nicht zu finden. Einen Gott, der einfach einmal so vorbeikommt, gibt es offenbar nicht. Kerkeling hatte sich auf seiner Pilgerreise offenbar einfach nur verrannt.

Doch eines Morgens war alles anders. Auf der Gottestagesordnung stand die Berufung des kleinen Menschenkindes Hans Peter Kerkeling aus Recklinghausen, Ruhrgebiet, Deutschland. Eine Berufung für jedermann, der kurz mal weg ist und der nicht wie Moses eine Extraaudienz braucht mit Feuer, Dornbusch und allen Schikanen. Berufung ist ganz einfach. Berufung ist nur ein Wechsel der Sichtweisen. Aber manchmal braucht es Wege und Umwege, bis man so weit ist.

Das ist eine Sicht auf das eigene Leben, die den meisten Menschen erst in der Auseinandersetzung mit ihrem Ende offenbar wird. Sie schauen vom Ende her und nicht vom Anfang aus. Vom Ende her macht es auf einmal Sinn, dass vorher Stress war. Es macht auf einmal Sinn, dass man ausgelaugt war und müde und unausstehlich im Job und in der Beziehung. Es ergibt auch Sinn, dass die 08/15-Religion immer zu kurz kam.

Alles macht auf einmal Sinn, wenn man nur für einen Augenblick die Perspektiven wechselt und in die Mokassins des lieben Gottes steigt. Es ist so, als würden die herumliegenden Worte eines komplizierten langen Satzes plötzlich wie auf ein Signal hin ihren Platz einnehmen. Das Leben macht Sinn und nicht wir Menschen. Man muss es nur aus einer neuen Perspektive sehen, die erkennt, was alles an Arrangement nötig war, um einen verlorenen Menschen zu retten. Hape Kerkeling, der sich entschlossen hatte, einmal kurz weg zu sein, musste tagelang pilgern und grübeln, bis er zu einer merkwürdigen Wahrnehmung kam. Er tauchte mit seinen Gedanken ein in die Landschaft Nordspaniens und konnte sich auf einmal vorstellen, dass nicht er sich irgendwann entschlossen hatte, den Pilgerweg ans Ende der Welt zu gehen, sondern dass der Weg ihn gerufen hatte.

Das klingt etwas fremd. Aber nur im ersten Moment. Ähnliche Erfahrungen machen wir auch im Alltag. Etwa wenn man zum Heiraten eine Kirche betritt. War das die eigene Entscheidung oder konnte man gar nicht mehr anders, als zuzustimmen? Wer hat denn hier gerufen, die Liebe, die Himmelsmacht? Wer hat hier das Sagen? Hat da eine fremde Macht, die man die große Liebe nennt, zwei Menschen zusammengeführt? Oder findet da gerade ein nüchterner Bund zur Verringerung der Steuerlasten durch Ehegattensplitting statt?

Berufungen, wo das Große das Kleine ruft, sind in unserem Leben und seinen Abschnitten weiter verbreitet, als man denkt. Das Leben arbeitet mit Berufenen. Und am Ende ruft der Tod nicht nur in Salzburg: »Jedermann!« Und sogar unsere Sprache lehrt uns, dass wir nur in den Dingen geschickt sind, zu denen wir wohl auch von ferne geschickt worden sind. Ungeschickt sind wir immer dort, wo wir nicht hingeschickt worden sind. Menschen ohne Geschick und ohne Berufung gibt es nicht. Sie sind alle auf der Suche danach.

Eine Berufung ist besonders für Männer und ihr Seelenheil wichtig. In den archaischen Mustern gibt es für die Männer neben der Familie noch andere Ziele zu erobern. Diese Ziele rufen sie. Die einen ruft der Berg. Den Seemann ruft die See und die Sterne riefen Abraham. Und da und dort ruft die Pflicht oder die Sippe, der König oder der Feldherr oder der Kanzler und immer wieder die Liebe. Dann kann ein Mann sich der Berufung nicht entziehen. Berufungen haben im Kollektiv eine höhere Norm als ein eigener Wille.

Unsere Arbeit heißt nicht umsonst »Beruf«. Ein Mensch ohne Berufung scheint nicht vollständig zu sein. Er lebt für etwas Größeres. Er lebt für seine Berufung in der Sippe, der Kultur, im kleinen und großen Kosmos. Er ist nur ein kleiner Eisenspan, der von einem großen Magneten berufen und ausgerichtet wird. Das weiß er tief in seinem Herzen. Er wartet darauf. Sein Selbstbewusstsein ist ein Bewusstsein, dass er eben Diener einer großen Sache ist. Die kann national, spirituell oder anders überhöht daherkommen.

Wer all den eher irdischen Berufungen nichts abgewinnen kann, der sucht in anderen Ordnungen nach seiner Gabe und Aufgabe, um so auf seine Berufung zu stoßen. Warum sollte man aus diesen Gründen nicht einmal Kartenlegen oder Numerologie betreiben? Das Enneagramm befragen oder das Orakelbuch des I Ging, ein gutes Horoskop mit den zwölf Sternzeichen ausprobieren oder das Horoskop aus Birma, in dem der Wochentag der Geburt von bestimmender berufender Bedeutung ist? Sonntagskinder sind Sonntagskinder auch dort! Oder man spiegelt sich in einem chinesischen Horoskop, das in kulturübergreifender Tradition die unterschiedlichen Berufungen am Wesen der Tiere orientieren lässt. Wie wäre es mit Kaffeesatzlesen und Pendeln? Jede dieser Techniken geht davon aus, dass das Lauschen und Spüren nach einer höheren Ordnung möglich ist. Probieren geht da über studieren und erst recht über theologisieren und philosophieren.

Viele Menschen werden krank und gehen so in ihr ganz privates Kloster, damit sie endlich doch noch eine Berufung erleben. Ihnen fehlt vorübergehend diese Berufung als Orientierung, dass sie für eine große Sache arbeiten. In diese therapeutische Lücke stieß Viktor Frankl mit seiner Logotherapie vor: Krankheit und Drangsal brauchen einen Berufungsrahmen, um ertragen oder sogar überwunden werden zu können.

Der Leibarzt des Dalai Lama erzählt mir, dass er eine buddhistische Nonne, deren Rücken und Brustkorb durch Gewalteinwirkung der chinesischen Besatzer für immer verletzt wurde, erst dadurch aufrichten konnte, dass er ihr sagte, dass sie die Krankheit und die Schmerzen nicht für sich, sondern für ihr Volk stellvertretend trüge und ertrüge. Da strahlte sie.

Kranke suchen in ihrer Krankheit nach dem Sinn ihres Lebens. Über Ver-Ordnungen suchen sie nach neuer Ver-Ortung im Leben. Sie lassen sich Medizin und Therapien verordnen. Osteopathen helfen ihnen schonend, die Halswirbelknochen wieder so gelenkig zu machen, dass sie ohne Schmerzen die neuen Ziele und Berufungen in den Blick nehmen können. Die Kranken suchen und lauschen in der Stille der Nacht, wohin das Leben sie denn haben will, wenn sie sich schon schmerzlich von einem Stück überlebten Lebens verabschieden mussten. Das Leben braucht Berufung. Die empfängt man, indem man die Perspektive wechselt vom Opfer zum »Täter«, vom ständigen Grübeln über das Warum, das nichts mehr ändern kann, zum großen Wozu, das alles ändern kann, weil es endlich die Richtung kennt, in der das Leben die neuen Ziele finden wird. Berufung dient dem Leben.

Im Grunde weiß jeder Bibelleser und jedes Märchen liebende Kind von der Macht der Berufung. Oft steckt sie ja schon in unseren Namen wie eine spirituelle Software. Steht nicht schon bei Jesaja, dass der Schöpfer jedes Wesen bei seinem Namen gerufen hat? Und steckt nicht in unseren Namen das alte Wissen, dass wir auf irgendeines Fremden Geheiß hin unterwegs sind? Die Frage: »Wie heißt du?« meint doch, dass wir durch unsere Berufung identifizierbar sind, die wir in unseren Herzen tragen.

Ja, es gibt Berufungen von Mutterleib und Kindesbeinen an. Hat die alte russische Hebamme aus dem polnischen Lodz nicht recht, wenn sie vor Schreck fast in Ohnmacht fällt, als sie einem kleinen Menschenjungen auf die Welt hilft, der auf seinem Kopf die Fruchtblase der Mutter wie einen Schutzhelm trägt, und dann ausruft: Ein Kind sei geboren, das unter dem besonderen Schutz Gottes stehe und das viel mitmachen müsse, aber geschützt sei für immer. Jener Mann jedenfalls, dem diese Begebenheit in seinen Kindertagen immer und immer wieder erzählt wurde, stand zu Beginn des Polenfeldzugs der Deutschen in Reih und Glied, um als Deutscher von den polnischen Partisanen erschossen zu werden. Und als die Schüsse krachten und ihn trafen, da sah er und spürte er hinter sich eine sonst unsichtbare Gestalt, die ihn an seine sonderliche Geburt erinnerte. Und die Gestalt sagte: »Fürchte dich nicht!« Er hat überlebt. Nach einer Ohnmacht ist er mit einem Bauchschuss aus dem Leichenberg herausgekrabbelt und hat sich mit hohem Fieber drei Tage in einem nahen Verschlag versteckt. Furchtlos lebt er noch heute in Niederbayern. Er ist ein Berufener.

Das große Gesetz des Lebens spiegelt sich im Kleinen. In der Rückschau erzählen die Alten und Sterbenden immer denselben Reim, den sie sich auf ihr unterschiedliches Leben machen. Was in jungen Jahren wie ein freier Wille mit Fehlentscheidungen zuhauf aussah, stellt sich nach all den gelebten Lebensjahren doch als ein Puzzle heraus, das von einer Kraft außerhalb geplant und gelegt wurde. Jetzt im Alter sind die letzten freien weißen Flecken leicht zu füllen. Auch im kleinen individuellen Leben ordnet sich das Bild und zeigt ein Ganzes.

Kritisch kann man einwenden, dass unser Gehirn auch in unserer letzten Stunde uns hilfreich zur Seite stehen will. Und wie sonst kann es uns dazu ermutigen, erfüllt in den Tod zu gehen, wenn wir in dieser Sache ohnehin keine freie Wahl haben? Die beglückende Sicht auf das eigene Leben, das von ferne gelenkt wurde, hilft uns jetzt, gelassen auszuatmen. Alles wird gut. »Es wird regiert!«, soll der Theologe Karl Barth auf dem Sterbebett gesagt haben. Und Jesus? Er stimmt dem Willen des Vaters zu.

Auch jemand wie Charlie Chaplin war auf dem alles integrierenden Weg zum kosmischen Bewusstsein, das wir hier »Vater« nennen. Er schrieb an seinem 70. Geburtstag:

Als ich mich selbst zu lieben begann,
habe ich verstanden, dass ich immer und bei jeder Gelegenheit
zur richtigen Zeit am richtigen Ort bin
und dass alles, was geschieht, richtig ist –
von da an konnte ich ruhig sein.
Heute weiß ich: Das nennt man VERTRAUEN.

Als ich mich selbst zu lieben begann,
konnte ich erkennen, dass emotionaler Schmerz und Leid
nur Warnungen für mich sind,
gegen meine eigene Wahrheit zu leben.
Heute weiß ich: Das nennt man AUTHENTISCH SEIN.

Als ich mich selbst zu lieben begann,
habe ich aufgehört, mich nach einem anderen Leben zu sehnen,
und konnte sehen, dass alles um mich herum
eine Aufforderung zum Wachsen war.
Heute weiß ich: Das nennt man REIFE.

Als ich mich selbst zu lieben begann,
habe ich aufgehört, mich meiner freien Zeit zu berauben,
und ich habe aufgehört, weiter grandiose Projekte
für die Zukunft zu entwerfen.
Heute mache ich nur das, was mir Spaß und Freude macht,
was ich liebe und was mein Herz zum Lachen bringt,
auf meine eigene Art und Weise und in meinem Tempo.
Heute weiß ich: Das nennt man EHRLICHKEIT.

Als ich mich selbst zu lieben begann,
habe ich mich von allem befreit, was nicht gesund für mich war,
von Speisen, Menschen, Dingen, Situationen
und von allem, das mich immer wieder hinunterzog,
weg von mir selbst.
Anfangs nannte ich das »gesunden Egoismus«,
aber heute weiß ich: Das ist SELBSTLIEBE.

Als ich mich selbst zu lieben begann,
habe ich aufgehört, immer recht haben zu wollen,
so habe ich mich weniger geirrt.
Heute habe ich erkannt: Das nennt man DEMUT.

Als ich mich selbst zu lieben begann,
habe ich mich geweigert, weiter in der Vergangenheit zu leben
und mich um meine Zukunft zu sorgen.
Jetzt lebe ich nur noch in diesem Augenblick, wo ALLES stattfindet,
so lebe ich heute jeden Tag und nenne es BEWUSSTHEIT.

Als ich mich zu lieben begann,
da erkannte ich, dass mich mein Denken
armselig und krank machen kann.
Als ich jedoch meine Herzenskräfte anforderte,
bekam der Verstand einen wichtigen Partner.
Diese Verbindung nenne ich heute HERZENSWEISHEIT.

Wir brauchen uns nicht weiter vor Auseinandersetzungen,
Konflikten und Problemen mit uns selbst und anderen fürchten,
denn sogar Sterne knallen manchmal aufeinander
und es entstehen neue Welten.
Heute weiß ich: DAS IST DAS LEBEN!

13. In den Dienst nehmen

Nur der Liebende ist mutig,
nur der Genügsame ist großzügig,
nur der Demütige ist fähig, zu herrschen.

Laotse

Was folgt nun auf dem Weg des Herzens? Was folgt auf den Weg in die Stille neuer Geburten und Wiedergeburten? Was folgt dem Lauschen auf den inneren und äußeren Kompass des Lebens? Was folgt, wenn der Vater jenseits von Zeit und Raum sich durch sein Kind rufen lässt? Was folgt dann endlich der anschließenden Berufung? Ihr folgt immer nur eines: Unterwerfung und Dienst.

Berufung bedeutet, dass das Leben einen Menschen in einen neuen alten Dienst ruft. Das Mysterium des Ganzen ruft sein Teil in seine alte Ordnung. Wie sonst soll ich denn verstehen, dass eine Mutter, die ihr Kind auf tragische Weise verloren hat, nach Jahren des Leidens und Anklagens irgendwann in einer Selbsthilfegruppe für verwaiste Eltern dient und damit glücklich wird? Als ob von ganz weit her ihr Kind die Zustimmung und die Kraft gibt. Was tun die Anonymen Alkoholiker anderes, als jeden Donnerstag treu ihrer Berufung als Warner vor dem Alkohol zu dienen? Die Eltern der Amoklaufopfer aus der Schule von Winnenden gründen eine Stiftung gegen Gewalt in der Schule. Und von weit her spüren sie, dass sie einer großen Sache dienen. Sie dienen der Liebe. Und der Liebe dient man ohne Lohn. Das ist ihr Zeichen. Wie sonst erklärt man sich all die Biografien von Menschen, die sich ehrenamtlich in solchen Gruppen engagieren, deren nun gemeinsam zu ertragendes Schicksal sie vor Jahren selbst an den Abgrund ihres Lebens führte?

Wenn das große Ganze nach dem kleinen Teil greift, wird das Teil dienen. Es reiht sich ein. Es kann nicht anders. So ist das Gesetz des scheinbar guten Schicksals, das Gesetz der Liebe, und des scheinbar bösen Schicksals, das anfänglich alles Leben zu verschlingen drohte. Es ist auch wieder das Gesetz des Ausgleichs, das nach der Berufung auf eine Antwort und Reaktion wartet, die ihr angemessen ist. Wie der Tag der Nacht folgt und die Ebbe der Flut, wie Geben und Nehmen füreinander da sind, so verlangt auch die Berufung eine adäquate Antwort. Und diese Antwort ist immer dieselbe. Der Berufene lässt sich in den Dienst des Berufenden stellen. Diese Bewegung des Lebens bringt Frieden. Ist es das, was Laotse das »Tao« nannte, wo die Kraft liegt?

Bei den von vornherein landläufig als Berufung erlebten Biografien liegt es offen zutage, dass ein Luther ins Kloster geht, ein Augustinus Theologe wird und ein kleiner tibetischer Junge ein Dalai Lama; ein vom Kriegsleid erschütterter Henry Dunant zum Gründer des Roten Kreuzes und eine blinde Helen Keller zur Schriftstellerin, ein ins Gesicht geschlagener Mahatma Gandhi zum Propheten der Gewaltlosigkeit.

Da wird man immer dieselbe Beobachtung machen: Das Große wirkt. Das große Ganze »ruft« nach dem Teil und das kleine Küken kann gar nicht anders, als zur Glucke zurückzukehren. Es ist wie ein Gesetz. Aber dieses Gesetz des Ausgleichs wirkt auch in dem Teil des Lebens, der auf den ersten Blick weniger spirituell ausgelegt ist, obwohl er in der Mystik das alles entscheidende Wort oder Bild zur Verfügung stellte: Es ist die »Heilige Hochzeit«!

Bei der kirchlichen Trauung blitzen da schon erlebbare Teile auf. Die Brautleute sprechen ja nicht davon, dass sie sich gegenseitig ausgesucht und gefunden hätten. Es scheint mehr eine Art Berufungserlebnis gewesen zu sein, in dessen Verlauf sie gespürt haben, dass sie dem großen Gefühl, das man Liebe nennt, nicht mehr ausweichen können. Sie nennen es dann vielleicht nur Zufall oder auch Fügung. Im Trauzeremoniell aber bekennen beide vor der Gemeinde, dass es sich weit weniger um einen Akt des freien Willens gehandelt habe als vielmehr darum, dass sie beide den jeweiligen Partner als Macht des Schicksals annehmen und zustimmen. Christlich gesprochen nehmen sie ihre Liebsten »aus Gottes Hand«. Und dann bekennen sie weiter in Worten, über die sie sich oft keine großen Gedanken machen, was sie darauf jetzt zu unternehmen sich vorgenommen haben. Wie antwortet man auf Berufung? Die Brautleute versprechen und bekennen, dass sie sich gegenseitig dienen! Sie wollen beieinanderbleiben in guten und in bösen Tagen. Ein Versprechen, das nur auf die dunklen Tage zielt, weil bei den hellen Tagen kein Grund vorliegt, den anderen im Stich zu lassen. Es geht um selbstloses Dienen.

Auch wenn Liebe keine Krankheit ist, so beobachtet man dieselbe seelische Bewegung bei der Bewältigung von Krankheit und Schicksal. Da ist immer zuerst der Schock. Und wie der Schock hart und steif daherkommt, so ist das Sich-Wehren und Kämpfen die adäquate Antwort. Das Kleine, das Gekränkte will die Gewalt des Großen nicht wahrhaben. Es kämpft wie ein Don Quichote gegen Krebs und anderes Schicksal. Es kämpft gegen die Windmühlenflügel, die vom unendlichen Wind angetrieben werden und denen niemand Herr wird. Und dann wandert man doch früher oder später geschlagen, gekränkt, kraftlos und krank den Weg aller Kranken und Geschlagenen und Depressiven. Es geht in die Stille. Da ist noch kein Sinn und noch keine Antwort. Da ist nur Orientierungslosigkeit. Von allen anderen isoliert wandert man grübelnd und ratlos wie durch ein stilles endloses Tal. Das dauert beim Verlust eines geliebten Menschen Jahre, bis der große gewaltige Strom der Trauer sein »Opfer« eines Nachts, wenn er aus dem Gebirge in der Ebene angekommen ist, am hier flachen Ufer ablegt. Das dauert so lange, bis der Kranke endlich müde und erschöpft die Perspektive wechseln kann, weil seine Widerstandskräfte erlahmen. Krankheit ist die häufigste Art von Berufung und Wiedergeburt! Solange das nicht geklärt ist oder das trübe Wasser seine Klarheit zurückbekommen hat, ist Trost, um bei Trost zu bleiben, die einzige Rettung. Trost ist die wichtigste und tragende Brücke über den Abgrund der Sinnlosigkeit.

Ein Leidender kann und will auch nicht mehr auf ewig ein Opfer des Schicksals sein, das sich mit dem ewigen »Warum nur, warum?« das Leben nimmt. Diese ewigen Anklagen, die wie ein falsches Mantra wirken, weil sie das vermeintliche Opfer des Lebens weiter in seine Opferrolle einspinnen und unter Tränen einnässen, halten die Herausforderung, die Berufung in ein neues Leben, auf Distanz.

Hingabe ist jetzt der einzige Ausweg. Hingabe in Liebe, in Krankheit und eines Tages auch ins Sterben. Hingabe ist die Lösung, Zustimmung die Haltung. Da kommt mit dem Aufleuchten einer neuen Lebensperspektive voller Hingabe auf einmal wieder Feuer in die Augen. Und dann kommt langsam das Akzeptieren ans Licht. Und endlich kommt dann der Entschluss, dem zu dienen, was einem das alte Leben genommen hat, um ein neues zu schenken. In der Mitte des Schicksalsschlags wartet die Botschaft darauf, entdeckt zu werden. Das ist die endlose innere spirituelle Bewegung des Hiob, die in jedem Leben wiederkehrt. Was einmal Katastrophe war, wird zur Berufung. Es ist ein immer wiederkehrendes Initiationsritual von Geburten und Wiedergeburten. Einmal geboren werden reicht nicht.

Berufung und Wiedergeburt drückt sich oft auch in einem neuen Namen aus. Aus Joseph Ratzinger wird ein Benedikt, aus einer Susanne Schwester Ambrosia, aus Siddharta ein Buddha, aus einem jungen Soldaten wird »Der-mit-dem-Wolf-tanzt«. Aus einem Cassius Clay wird Muhammad Ali. Aus Cat Stevens wird Jussuf Islam. In den bürgerlichen Pässen stehen bei den Künstlern ihre neuen »Berufungen« eingetragen: Aus Udo Bockelmann wird Udo Jürgens und aus Robert Zimmerman Bob Dylan.

Wir sind uns oft nicht mehr so genau bewusst, dass in einem neuen Namen auch ein neuer Marschbefehl der Institution steckt, die da aus der Welt des Geistes neue Namen vergibt. Das Wissen um die Kraft und das Geheimnis des Namens taucht zwar in deutschen Märchen wie bei Rumpelstilzchen auf, im Alltag aber ist es in Vergessenheit geraten. Dabei trägt jeder Geburtsname schon einen Teil der Berufung in sich. Der Name, der den Anfang macht, wirft Licht auf ein ganzes Leben. Das drückt sich auch in der spirituellen Tradition der Taufe aus. Der Täufling bekommt als Kleinkind ein Wort mit auf den Weg. Und der erwachsene Täufling bekommt oft einen neuen christianisierten Namen, der ihm ein Licht auf dem dunklen Lebensweg sein soll.

Der Name ruft in den Dienst und machte traditionell einen Zimmermannssohn sein ganzes Leben lang zum Zimmermann. Als Jesus am Jordan bei seiner Taufe berufen wurde und seinen Namen bekam: »Du bist mein lieber Sohn!«, gab es für ihn nur eine Antwort, sich nämlich von der größten Macht und Instanz seines Lebens in den Dienst nehmen zu lassen. Den Weg hat er nie verlassen. Am Abend vor seiner Ermordung versucht er ein letztes Mal, vielleicht doch einen anderen Weg zu gehen, und bittet um eine andere Führung, »Vater ist es möglich ...« – dann aber geht er doch. Und nicht einmal in seinem letzten Atemzug wagt der Gottessohn den Gott zu vereinnahmen oder gar zu besitzen. Er fühlt sich verlassen und wähnt seinen Gottvater woanders. Er gibt Gott die alleinige Ehre, da zu sein, wo er, der Vater, gerade will. Jesus vereinnahmt ihn nie. Er ist kein Gottesbesitzer. Nicht einmal in seinem letzten Atemzug. Er bleibt Sohn.

Das ist der Maßstab der Versöhnung und des Dienstes, nämlich bis zu seinem letzten Atemzug in den Dienst gehen. Das ist der Weg, den ein Albert Schweitzer ging und eine Mutter Teresa und all die anderen Frauen und Männer, die die katholische Kirche auch aus irdischer Perspektive schon da verortet hat, wo sie am Ende hingehören: auf die Altäre, zu den Heiligen!

Es ist der uralte Weisheitsschatz, den Laotse so formulierte: »Ich habe drei Schätze, die ich hüte und hege. Der eine ist die Liebe, der zweite ist die Genügsamkeit, der dritte ist die Demut.« Wer sich in den Dienst nehmen lässt, ist in seinem Selbstverständnis ein Diener. Das ist das spirituelle Selbstverständnis aller Gläubigen. Sie führen ein abhängiges Leben und entwickeln ein Gespür dafür. So kann man nachvollziehen, warum Martin Luther davon spricht, dass ein Christenmensch zugleich Herr und Diener ist. Das ist für Christen, die fünfmal am Tag auf ihre betenden und sich zu Boden werfenden und sich aufrichtenden muslimischen Brüder herabschauen, die sich vor ihrem Gott verneigen, eine schwere Lektion.

Demut, »humilitas«, ist eben nicht so weit vom »humus«, der Erde, entfernt. Es drückt noch einmal die Unterwerfungsgeste aus, eine innere Bodenhaftung, in der wir uns der Erde zuwenden, bei unseren Wurzeln sind, um dem Himmel zu dienen. Demut verhindert den Fall, der immer dem Hochmut folgt. Frieden ohne Demut gibt es nicht. Demut ist die Kultur des spirituellen Menschen. Größeren Mut gibt es nicht.

14. Das große Glück

Wenn wir aus dieser Welt
durch Sterben uns begeben,
verlassen wir den Ort,
wir lassen nicht das Leben.

Nikolaus Lenau

Wie alt muss man werden, um in dem Weg, den man gegangen ist oder gehen musste, nichts anderes als eine Führung und Fügung zu sehen? Jesus musste dreißig werden. Und Mohammed wohl um die vierzig. In jungen Jahren, mit zwanzig, wird man das Leben schwerlich schon als Fügung, als Berufung und Dienst sehen. Da gibt es einen blinden Fleck. Da arbeitet unser Gehirn nach bewährter Anweisung: Es geht im Leben nicht um Selbsterkenntnis; es geht um Leben! Bei unserem Gehirn handelt es sich wohl um eine Art Software, die Leben und Weiterleben entwickelt und ermöglicht. Und die rechte Hilfe zum Leben ist es zunächst, mit gut zwanzig Jahren ein wenig Unruhe im Herzen zu schaffen oder von dort den Befehl zu geben, mit den Hufen zu scharren und in die Welt hinauszumüssen, sich zu bewähren und Entscheidungen zu treffen und die Eltern langsam hinter sich zu lassen. Das leistet ein Gehirn mit zwanzig plus.

Es fragt nicht nach Führung. Das kommt später. Ist es Führung, dass die Söhne gegen die Väter rebellieren und mit den Jahren doch beidrehen und um Versöhnung nachsuchen? Ist die biblische Geschichte vom verlorenen Sohn eine Mustergeschichte?

Liegt im Bestehen der Herausforderungen des Lebens und in den Niederlagen dieselbe Führung? Wer weiß denn, was auf einen zukommt, wenn man dreißig Jahre ist oder vierzig. Was wartet nach der Lebenswende? Sind alle Haare, die jetzt ausfallen, wirklich gezählt vor aller Zeit? Stimmt es auch hier, dass es ein Wissen aller Zellen voneinander gibt, jenseits von

Zeit und Raum? Und muss man nicht schon über siebzig sein, um Konrad Adenauers Weisheit lachend zuzustimmen, wenn er rheinisch schnoddrig antwortet: »Was geht mich mein Geschwätz von gestern an?« Wie alt muss man werden, um hinter jedem Tag und in jeder Nacht die Liebe des Vaters zu empfinden, dem man als Kind gerecht werden will, komme, was da wolle?

Karlheinz Böhm, der Sohn, sollte wohl als Kind auch Musiker werden. Aber dann folgte er doch einer anderen Muse und wurde Schauspieler. Vielleicht auch, um aus den großen Fußstapfen seines Vaters herauszufinden. In der Nachkriegszeit war er der Schwarm vieler junger Frauen. Und er heiratete mehrfach und wird sicher gedacht haben, dass es sein eigener Entschluss war, die eine Ehe zu verlassen, um die andere führen zu können. Warum soll es ihm auch anders gehen als so vielen anderen Männern, die ihren Stand als Ergebnis ihrer eigenen Leistung definieren? Sei es nun Familienstand oder Kontostand, sie stellen sich als die Schmiede ihres eigenen Glücks vor und geben sich auch so. Sie denken nicht darüber nach, dass »Vermögen« zwar davon erzählt, dass jemand etwas vermochte, aber das Gesamtergebnis nicht die Summe ihrer Handlungen war, sondern ein Zusammenspiel aus Zufall, Schicksal, Glück und Geschicklichkeit. So blind sind unsere Gehirne im Zenit des Lebens. Sie spiegeln nur die eigene Kraft und sehen das Schicksal nicht.

Und dann sitzt Karlheinz Böhm auf dem TV-Sofa von »Wetten, dass ...?« und ahnt nicht, dass der Vater im Himmel diese Inszenierung nutzt, um ihm, dem großen kleinen Karlheinz Böhm, seine wirkliche Bestimmung und Aufgabe zuzuteilen. Er ist reif! Ausgerechnet bei »Wetten, dass ...?«! Wer von den Seriösen und Gelehrten ahnt denn schon, dass in dieser Show der Vater im Himmel auch auf dem Sofa sitzen könnte? Er sitzt nicht nur bei den Armen im Schatten. Er sitzt auch im Scheinwerferlicht! Also wettet Böhm mit dem Publikum, dass die Millionen Menschen vor den Fernsehgeräten nicht Millionen zusammenbekommen, um Afrika zu helfen. Und Böhm verliert und hat auf einmal Millionen, um Afrika zu helfen. Sein großes Hilfswerk ist geboren: Menschen für Menschen.

Das ist nun schon Jahrzehnte her. Und jetzt, wo Böhm die achtzig überschritten hat, wird er gefragt, für was in seinem Leben er denn dankbar sei. Was die Bilanz seines Lebens sein könnte. Und er antwortet: Er sei dankbar dafür, dass er in seinem langen Leben endlich die Aufgabe gefunden habe, für die ihn der Vater im Himmel offenbar auf die Welt geschickt hat. Tag für Tag und Nacht für Nacht geführt sieht er sich, um hier zu landen! Er sei dankbar für diese Berufung und dankbar, dass er ihr dienen könne.

Wen wollen wir nun fragen, wo das Glück beginnt? Bei Hans im Glück fiel ja schon auf, dass das Glück nichts mit Reichtum zu tun haben kann. Das ganze Glück des glücklichen Hans bestand darin, beim Geben und Nehmen eine gute Figur gemacht zu haben. Alles ging reibungslos vonstatten. Es ist ein märchenhafter Hinweis dafür, wo das Glück zu suchen ist.

Das Wort »Glück« ist noch recht jung. Schlägt man nach, erfährt man, dass es verwandt ist mit dem Wort »Lücke«. Es scheint so, als ob wir dann glücklich sind, wenn wir wegen der »Lücke«, die uns das Leben vor aller Zeit in die Seele gepflanzt hat, auf die Suche gegangen sind und schließlich dafür die berühmte blaue Blume gefunden haben. Was für ein Gefühl des Glücks erfüllt uns dann! Es ist da, wenn die Kinder spielen und aus scheinbar seelenlosen Bausteinen Spielgefährten werden. Aufgabe erfüllt! Es ist da, wenn wir uns lieben und aus der Liebe neues Leben wächst. Aufgabe erfüllt! Es ist da, wenn Menschen ihre Ziele erobert haben, für die sie auf die Welt gekommen sind. Aufgabe erfüllt! Und es ist da, wenn wir unsere Hände endlich ausstrecken können, weil alles getan und erfüllt ist.

Viele Menschen, die auf ihren letzten Wegen ihr Leben betrachten und gerne ins Erzählen kommen, schauen genau darauf, ob sie diese »Lücke« gefunden haben. Ein deutliches Zeichen dafür, dass ihr Leben ein gelungenes, ein geglücktes war, scheint für sie zu sein, dass im Rückblick auf ihr Leben sich ein jeder Tag und eine jede Nacht fugenlos ineinanderfügen. Das Leben ist zu einem Mosaik geworden, das gerade seine letzten fehlenden Steine geschenkt bekommt, die alles komplettieren. Das ist der Blick des Alters. Und wer ein gelungenes Leben im Rücken hat, scheint als Abbild im Kleinen auch die entscheidende Lücke gefunden zu haben, die vor aller Zeit schon das große ewige Leben für dieses kleine Leben gelassen hat. Willkommen im Glück! Willkommen im Ganzen! Willkommen kleiner Wassertropfen im endlosen Ozean!

Wie oft müssen wir unserem Herzen noch erklären, dass nur das wirklich Glück ist! Alles andere ist Unglück. Geld ist kein Glück! In Italien lockte vor Kurzem der Jackpot halb Europa in die Lottoannahmestellen. Sonderbusse fielen aus Österreich und Deutschland in Südtirol ein und ein Heer von merkwürdigen Glücksrittern und -fräulein stürmten die kleinen Läden mit großen Scheinen. Eine große Boulevardzeitung charterte Sonderflugzeuge, damit die Glücksuchenden höchstpersönlich jene Kreuze machen können, die ihnen das ganz große Glück bringen sollen. Über hundert Millionen Euro! Es ist ein Rausch in Europa, der etwas wallfahrtsähnlich Religiöses hat. Versteckt ist hinter diesem Lottospiel die Sehnsucht, dass der Himmel gegen alle Statistik und Wahrscheinlichkeit sein Auge ausgerechnet auf einen einzelnen, über das Jahr vergessenen, kleinen Menschen, auf mich, richten könnte. Wenn die Zahlen einen Menschen lehren, dass er vom Himmel nicht berücksichtigt werden wird, und er dennoch auf den Gewinn hofft, dann ist er nicht einfach ein Spieler, sondern ein Gläubiger. Dabei ist es kein großes Geheimnis, dass mit den Millionen nicht das Glück kommt. Erst recht nicht das große Glück. Der Gewinner, der dann in einem kleinen toskanischen Dorf ausgemacht wurde, hält sich bis heute versteckt. Ist das nun ein Zeichen dafür, dass ihn das große Glück getroffen hat? Gehört nicht ein Leben unter der Sonne zum großen Glück – und nicht ein Leben im notwendig gewordenen Verborgenen?

Die Mitarbeiter der deutschen Lottogesellschaft, die in unserem Land anonym und heimlich die großen Gewinner aufsuchen, erzählen immer dieselbe Geschichte: Wenn sie an irgendeiner Haustür läuten, um den Millionengewinn vorsichtig anzukündigen und den Scheck zu überreichen, dann schauen sie in vom Schock geweitete Augen. Und die Geschichten von den großen Lottogewinnern, die Jahre später vor den Ruinen ihrer Existenz stehen, sind nicht nur ein Ammenmärchen jener Menschen, die vor dem bösen Mammon warnen wollen. Mein eigener Taxifahrer war einmal Lottomillionär und bedankt sich heute wieder für jedes Trinkgeld. Nein, Geld macht nicht glücklich. Glück hat mit ganz anderen Dingen zu tun – vor allem mit Beziehungen.

Er kam nach dem Abendessen und ich erkannte ihn nicht auf den ersten Blick. Sein Foto hatte ich schon oft in der Zeitung und im Fernsehen gesehen. Aber wenn ein Mensch unmittelbar vor einem steht, erkennt man ihn eben nicht. Zeitung und Fernsehen ist die eine Wirklichkeit und das richtige Leben an der Haustür die andere. Erst als er seinen Namen sagte, fielen mir die Schuppen von den Augen. Er kam, um eine Geschichte loszuwerden. Die quälte ihn nun fast zwanzig Jahre lang. Ein Anwalt hatte ihm geschrieben und ihn daran erinnert, dass er vor seiner Ehe doch einen Sohn gezeugt habe, und gefragt, ob es nicht an der Zeit wäre, sich um ihn zu kümmern und zu ihm zu stehen. Dann würde allerdings die Wahrheit ans Licht kommen. Und seine Ehe und seine Familie würden eventuell auf der Strecke bleiben. Und die Presse würde ihn aufspießen, klar.

Wir saßen stundenlang zusammen und ich hörte nicht nur zu, sondern probierte mit ihm ein paar Sätze zu sprechen, die bald gesprochen werden müssten. Wie fühlt sich das an, zu sagen: »Auch dieser Junge ist mein Sohn!«? Wie beginnt man das Gespräch mit seiner Frau? Wie erklärt man ihr das, dass man viele Jahre lang nichts gesagt hat? Und wie gewinnt man seine Familie für den befürchteten Kampf mit der Presse, damit sie die Familie nicht zerstören kann?

Am Ende unserer Unterredung aber musste ich fromm werden. Ich sagte ihm: »Glauben Sie denn wirklich, dass Sie einen Sohn bekommen hätten, wenn der liebe Gott es nicht gewollt hätte? Moral ist das eine, Frömmigkeit und Demut und Liebe, die die Grenzen der Moral sprengt, das andere! Auch Ihre Familie zielt viel zu kurz, wenn sie mit dem Finger auf den Vater zeigt. Auch Ihre Familie muss sich mit dem lieben Gott auseinandersetzen, der diesem Kind sein Leben schenkte und Vater und Mutter dazu. Beckenbauer, der Kaiser, hat recht, wenn er sagt, dass der liebe Gott sich über jedes Kind freut, das auf die Erde kommt. Aber Beckenbauer konnte den Satz nur sagen, weil sich Beckenbauer genauso wie der liebe Gott über sein Kind freute.«

Das Glück kommt also oft mit einem Menschen zu uns. Wo wir im Glück andere Menschen glücklich machen konnten, kommt es nach dem Gesetz des Lebenskreises und Gebens und Nehmens zu uns zurück. Und es kommt mit einer Weite daher, die unser Herz öffnet für alles Grenzenlose, Ewige, Weite. In dieser Weite sind sie dann da, die Generationen, die vor uns waren und von ferne auf uns schauen. Da sind Eltern und Großeltern, die liebevoll auf uns schauen und uns glücklich machen. Da sind wir auch, die wir dann aus weiter Ferne den Himmel für uns antizipierend auf unser Leben herabschauen und es gut und gelungen finden, weil wir das, was wir von unseren Vorleuten empfangen haben, weitergegeben haben an unsere leiblichen und geistigen oder auch schöpferischen »Kinder«. Da löst sich alle Spannung, Angst und scheinbare Unvollkommenheit. Und wir sind glücklich, wenn wir in die Weite schauen und sehen, was aus dem, was wir liebevoll wirkten, an Wirkung und Liebe wurde. Wir haben unseren Platz gefunden. Wir gehören zu jemandem. Wir gehören zum Himmel. Wir haben unseren ewigen Platz. Die Schwere der Suche und die Schwere der Last und die Schwere der Erde fällt von uns. Wir sind frei und schweigen.

Gegen Ende unserer Tage dämmert uns die Erkenntnis, dass wir immer und immer geführt worden sind. Denn wenn jetzt der nächste und bald letzte Schritt kommt, dann müssen wir in unseren Herzen nicht hadern. Wir werden geführt. Also lasst uns gehen. Jesus geht voran! Amen!

15. Ostern

Klein ist, mein Kind, dein erster Schritt,
Klein wird dein letzter sein.
Den ersten gehn Vater und Mutter mit,
Den letzten gehst du allein.

Seis um ein Jahr, dann gehst du, Kind,
Viel Schritte unbewacht,
Wer weiß, was das dann für Schritte sind
Im Licht und in der Nacht?

Geh kühnen Schritt, tu tapfren Tritt,
Groß ist die Welt und dein.
Wir werden, mein Kind, nach dem letzten Schritt
Wieder beisammen sein.

Albrecht Goes

Das große offene Holzfeuer vor der alten Kirche mit den zwei mächtigen Türmen sieht man immer schon von Weitem. Die Funken stieben durch die dunkle Nacht. Und in der Stille der ersten Stunden des neuen Tages hört man das Knallen und Knacken des Nadelholzes schon von Weitem. Aus den unterschiedlichen Richtungen und Straßen huschen einzelne vermummte Schatten oder auch Paare auf die Kirche zu. Ihre Mantelkragen sind hochgeschlagen. Sie schützen sich gegenseitig vor der Kälte. Es ist eben doch noch bitter kalt für einen Frühlingsmorgen vor Ostern. Der erste Vollmond im Frühling ist eben erst vorüber und der hatte wieder diese winterliche Kälte hinterlassen. Die paar Stunden Frühlingssonne am Tag können den Winter noch nicht vertreiben. Und so bleiben die meisten der frühen Kirchenbesucher noch ein paar Momente draußen vor dem rot glühenden Feuer stehen, um sich ein wenig zu wärmen. Wer weiß, wie kalt es in der Kirche ist. Es ist die Nacht vor dem Osterfest. Da sieht man dann im Feuerschein die Gesichter der Menschen. Es sind meist ältere. Ein stilles Erkennen und stummes Begrüßen. Der Widerschein des Feuers erhellt ihre Gesichter. Leises Nicken. Niemand spricht ein Wort. Keiner will die Stille der Nacht stören. Nur das Feuer knistert weiter und lässt mit lautem Knallen das eingeschlossene Baumharz explodieren. Feuer hat seine eigene Magie und Kraft. Es reinigt das Herz. Es kann Sorgen verbrennen. Man schaut in das Feuer und die Gedanken haben Freiheit. Sie fliegen, wohin sie wollen.

Jeder hier kennt die Geschichte dieses Feuers in der Osternacht. Eigentlich brennt es in dieser Nacht einen Tag und eine Nacht zu spät. Ursprünglich brannte es im Hof der römischen Legionäre in Jerusalem ungefähr im Jahre 30 nach Christus. Die Nacht des neunten April war das wohl, sagen die modernen Bibelwissenschaftler. Die Soldaten hatten ihren Teil der Arbeit erledigt. Der von vielen für verrückt erklärte junge Aufrührer war festgenommen worden aus einer Gruppe von Aufrührern heraus. Das war gar nicht so einfach gewesen in der Dunkelheit des uralten Olivenhains. Sie waren extra mit Fackeln losgezogen. Aber einer aus seiner Bande hatte ihn ausgerechnet durch einen Kuss verraten. Alles ist eben immer nur eine Frage des Preises. Alles andere war Routine gewesen. Festnahme, fesseln, abführen! Und das Ganze ohne große Öffentlichkeit. Deswegen war es ja extra in den Abend hinein verlegt worden. Die Zeit sollte ihnen nicht davonlaufen. An Passa sollte alles vorbei sein.

Jetzt sitzt der Verrückte, den sie hier den Rabbi aus Nazareth nennen, unten in den Verliesen der römischen Schutzmacht und wartet auf den Morgen, wenn entweder der Priesterrat der Juden oder Pontius Pilatus, ihr römischer Herr, mit ihm kurzen Prozess machen wird. Es würde wohl wieder ein blutiger Freitag werden bis am Abend, an dem der jüdische Sabbat beginnt. Ein merkwürdiges, frommes, störrisches Völkchen. Man muss immer aufpassen. Umso schöner, wenn alles gut geht. Da geht man als alter Soldat nicht gleich in die Kaserne. Da wird noch gefeiert.

An dem Feuer in der Altstadt von Jerusalem hat dann Petrus, der spätere irdische Vater der Kirche Jesu Christi, also quasi sein Stellvertreter, als Erster von seinem Herrn und Meister nichts mehr hören wollen. Er war damals im Dunkeln dem Tross der Soldaten in gebührendem Abstand gefolgt und hatte sich unter die Leute am Feuer gemischt. Vielleicht war noch nicht aller Tage Abend! Vielleicht würde man etwas Genaueres erfahren wegen des morgigen Verfahrens? Aber beim Herumspionieren hatte ihn eine Frau wiedererkannt. Der erste Mann der Kirche Jesu Christi muss ein etwas unvorsichtiger, vorwitziger Typ gewesen sein. Immer eine Nasenlänge zu sehr im Scheinwerferlicht. Aber jetzt im Feuerschein tat er so, als ob er von nichts etwas wüsste. Er stritt alles ab und verleugnete den seltsamen Wanderprediger aus Nazareth. Dessen Lehren hat er abgestritten und seine Liebe auch. Der spätere Kopf der Fischer- und Fischbewegung geht in Deckung und macht aus der späteren Kirche eine Schuldnerbewegung und Opferbewegung. Er trollt sich ins Abseits.

Nun stehen die Menschen in dieser Osternacht vor dem Feuer. Der Erste unter ihnen, der Meisterschüler Petrus, hat versagt. Aber was soll's! Ein Feuer ist ein Feuer und hat bekanntlich mehr Ausstrahlung als alte, traurige Geschichten. Gleich ist Ostern, das größte Fest der Christenheit. Und wie man zu Weihnachten über seine Kindheit, über Mutter und Vater nachdachte, so denkt man bei diesem Fest über den Tod und über den Sinn des gelebten Lebens nach.

Mit solchen Gedanken gehen die Kirchenbesucher knapp 2000 Jahre später wie jedes Jahr in das Dunkel der Kirche. Drinnen ist es stockdunkel, man muss sich an den Bänken entlangtasten. Man muss mehr fühlen als sehen, ob eine Bank schon besetzt ist oder noch Platz ist. Und ich taste mich durch den Eingangsbereich und suche mir mit meiner Frau einen Platz in einer der letzten Reihen. Wir fürchten, dass die Zeremonie wieder ein Reinfall wird. Zum x-ten Mal! Wir beide träumen davon, dass ganz am Anfang des Gottesdienstes die Türen der alten Kirche verschlossen wären und nicht einmal der Feuerschein durch die Ritzen dringen kann und man für

Momente ein Gefühl des Eingeschlossenseins wahrnehmen kann. Das Gefühl, lebendig begraben zu sein, als ob man bei den Toten wäre. Dann wird gemäß der alten Tradition unserer Kirchen irgendwann ein Geräusch zu hören sein. Das kommt von draußen und hört sich an, als ob jemand an die schwere Kirchentür aus Eichenholz klopfen würde. Und dann wird die Tür der Kirche vorsichtig geöffnet. Was geschieht, ist zunächst nicht zu erkennen. Wir Christen sind nämlich von Haus aus eine Untergrundbewegung. Wir sind furchtsam. Unsere Wiege stand jahrhundertelang unter der Erde. Wir lebten sogar mehr unter als auf der Erde. Das kann man noch heute in den Katakomben Roms bewundern oder wenigstens bestaunen und da und dort sogar noch wittern. Es ist leicht modrig geblieben in der Kirche des Petrus. Wir lebten Wand an Wand mit unseren Toten, den Vorausgegangenen. Sie lagen in den ausgehöhlten Wandnischen, die in den porösen Stein gehauen wurden. Noch heute liegen sie in den Grabkammern unserer Dome zu unseren Füßen. Und im Brandenburgischen stehen im Kircheneingang veritable Särge. Das alles kann in der Osternacht präsent werden.

Wir öffnen daher in der Zeremonie der Osternacht die Tür der Kirche mit aller Vorsicht. Man weiß ja nie! Und dann kommen der Ruf und das Licht. Beides gleichzeitig. Es ist wie ein Nachfragen nach einer verabredeten Parole. »Christus ist auferstanden!« Und eine brennende Kerze oder eine Öllampe wirft einen ersten Lichtstrahl in das dunkle Kirchengrab und man erkennt, wenn sich die Augen an den Lichtschein gewöhnt haben, dass das Grab hier voller Menschen ist. Und wie auf ein Geheiß hin antworten wir alle: »Er ist wahrhaftig auferstanden!« Da ist zuerst Unglaube in der Stimme, dann auch Erstaunen oder auch Trotz. Und dann schließen sich unsere Herzen zusammen und singen es im Choral:

Christ ist erstanden von der Marter alle.
Des lasst uns alle froh sein,
Christ will unser Trost sein,
Kyrieleis!

Wär' er nicht erstanden, so wär' die Welt vergangen.
Seit dass er erstanden ist,
so loben wir den Vater Jesu Christ,
Kyrieleis!

Und dann entzünden wir unsere kleinen Lebenslichterkerzen, die wir in den Manteltaschen mitgebracht haben, an der großen Osterkerze, die jetzt feierlich vom Pfarrer von der Kirchentür her zum Altar getragen wird und langsam mehr und mehr die Kirche erleuchtet. Und die Orgel setzt ein und es ist eine Auferstehung und ein Halleluja und eine Ausgelassenheit im Kirchenraum, der vor Augenblicken noch einem Totenhaus glich. Christus ist tatsächlich auferstanden und die Welt ist sein Theater.

Aber das ist alles nur unsere oft erträumte Erwartung. Es ist nur die uralte Inszenierung der Auferstehung. Ein Fest, das zeigen soll, dass unser toter Gott aufersteht und unsere Väter und Mütter mitbringt und wir vereint an den offenen Gräbern und offenen Wunden ein Fest feiern, das tief in unser Seelenleben und Erdenleben hineinwirkt. Symbole und Inszenierungen greifen und ergreifen uns doch tiefer als jede Erklärung. Theater, Medizin und Religion kommen doch aus demselben Ei gekrochen!

Auch in diesem Jahr ist die Kirche wieder stockdunkel und nur der Schein des Feuers kommt ab und an durch die Tür, wenn jemand die Kirche betritt. Aber sonst bleibt es dunkel. Niemand klopft an die Tür, niemand trägt eine Kerze herein.

Niemand entkommt der Dunkelheit. Niemand jubelt und spürt einen Grund dafür. Es ist wie immer: Immer nur langweilig! Der Pfarrer taucht wieder auf und predigt und wir singen auch dies und das und stottern und stochern uns in den Morgen. Da ist keine Auferstehung zu spüren.

Enttäuschung kriecht in unser Herz. Da suchen wir beide im Dunkel nach unseren Händen und drücken sie uns verstohlen und verständig und stehen vorsichtig im Dunkeln der Kirche auf und verlassen das Grab Gottes. Mit der Schulter drücke ich die schwere Kirchentüre auf und wir sind draußen. Der Tag zieht langsam auf. Die Kälte ist noch da. Den Mantelkragen hochschlagen! Am Feuer vorbei, wo noch ein paar Jugendliche gut daran taten, nicht in die Kirche zu gehen, gehen wir wortlos den Berg hoch Richtung Friedhof. Meine Hände stecken tief in den Manteltaschen und zählen die kleinen Kerzenlichter. In der Kirche war ja noch keine Zeit, sie anzuzünden. Früher lagen die Friedhöfe meist nah bei den Kirchen. Da war jeder Kirchgang ein Weg zur Auferstehung. Man musste durch die Toten hindurch. Das lief ohne Schaudern nicht ab. Jetzt aber, zum neuen Friedhof, sind es ein paar Minuten zu laufen. In der Tasche suche ich mit den Fingern nach dem Feuerzeug. Wir werden sie wie all die Jahre zuvor mitten auf dem Friedhof unter dem großen Kruzifix mit dem Holzkorpus anzünden und dann, wenn sie leuchten, singen wir für all unsere Toten, die wir kennen und die hier gar nicht liegen, sondern überall in der Welt.

Wir singen für meinen Vater und meine Mutter. Wir singen für und mit unseren längst verstorbenen Großeltern. Wir singen für und mit meinen verstorbenen Freunden und dem verstorbenen Ehemann und Bruder meiner Frau und wir singen all denen, die hier liegen und leben und auf ein Zeichen von uns warten. Da drüben liegt im Dunkel der Bäume etwas versteckt: der General Ludendorff. Der wartet auch, weil Jesus für ihn gestorben ist. Und die Pianistin Elly Ney liegt auch nicht weit. Denen allen singen wir vor, dass Christ erstanden ist und wir das wohl spüren und wissen. Wir wollen den Weg in die andere Wirklichkeit des wirkenden toten Gottes nicht verfehlen. Er lebt! Er lebt dort mit den Lebenden und den Toten.

Es ist jetzt kein reiner Glaube mehr und ich muss nicht mehr etwas, das ein anderer Mensch sagte, für wahr halten. Ich weiß es selber ganz sicher. So wie man etwas nur sicher wissen kann. Der tote Gott lebt und steht noch einmal auf. Mein Vater lebt und stimmt in den Osterhymnus ein. Singen konnten wir nämlich zusammen. Da mussten wir uns nicht in die Augen schauen. Einen Sinn für Auferstehung hatte er immer. So richtig miteinander reden, das können wir noch nicht. Unsere Tränen laufen dann zwischen meine Worte und Gefühle. Und ungeweinte Tränen hatte mein Vater viele. Und mein Großvater lebt! Der Vater meiner Mutter, der Mann, der mich zu meinen Lebzeiten segnete, stellvertretend für meinen Vater, er lebt! Er sagt mir wie immer lachend, wenn ich durch Gelände gehen muss, in dem es vor Angebern und Getue nur so wimmelt: »Das soll nun wieder so was sein!« Danke, Großvater Eugen! Deine Sprüche retten mir das Leben! Und seine erste Frau lebt auf einmal, Großmutter Hermine, die in unserer Familie seit dem neunten Lebensjahr meiner Mutter in die Erde des Vergessens und Verdrängens verbannt wurde. Meine Mutter hat ihr wohl zeit ihres Lebens nicht verziehen, dass sie sie verlassen hat, als sie erst neun Jahre alt war. Da sang die noch gar nicht alte Frau zwischen den Hustenanfällen ihrer offenen Tuberkulose auf ihrem Sterbebett in der kalten Schlafkammer, dass sie ziehen müsse, um Jesus zu sehen. Und das schwere Plumeau über ihr bewegte sich beim Atmen kaum noch. Und sie bat ihre kleine Tochter und ihren noch kleinen Sohn Heinz und ihren Mann Eugen in einem frommen Lied darum, sie doch loszulassen und sie ziehen zu lassen: »Lass mich gehn, lass mich gehn, dass ich Jesum möge sehn!« Und das kleine neunjährige Mädchen mit den langen Zöpfen, das an ihrem Bett stand, spürte, dass die Hände ihrer Mutter im Bett kalt wurden. Sie war gegangen und hatte sie alleingelassen. Du fremde, unbekannte, große Mutter meines Lebens, du lebst! Lass mich vorsichtig in dieser Nacht auf deinen fremden Schoß, damit ich in deinem Gesicht und in deinem Herzen entdecke, wessen Kind der Liebe ich auch bin. Und Wilhelm, der Vater meines Vaters, lebt! Und er ist gar nicht traurig, dass er sein Leben beenden musste, als unser Haus von ihm mit Hacke und Schaufel ausgeschachtet worden war. Er lehrt mich, dass ein Mann dann im Glück ist und sein Leben vollendet hat, wenn er das Leben weiterreichen konnte. Und dazu kann es durchaus gehören, dass ein Vater und Großvater sein Leben für seine Kinder und Kindeskinder gibt. Das Leben der Kinder ist für Eltern wichtiger als das eigene Leben. Und meine witzig trockene Mutter lebt und sagt wieder und wieder, ich solle mir nicht jede Kritik zu Herzen nehmen. Sie spürte wohl instinktiv, dass es zu meiner Lebensaufgabe gehören könnte, allein meinem Herzen zu vertrauen und niemandem sonst, keinen Kirchen und keinen Ketzern. Nur dem Herzen! Und dass ich mir die Hände ruhig schmutzig machen kann. Sie ist stolz auf mich. Immer noch. Ich soll nur geradeaus gehen, Gott voran! Danke Mutter. Und Dharma kommt, mein großer spiritueller Lehrer und Freund, der als einer der ersten Homosexuellen Englands an Aids verstarb. Er hat meiner Berufung, und damit mir, fast ein ganzes Jahr lang in Demut gedient. Er lacht und hat ein Leuchten in dieser Nacht, das von seinen roten keltischen Haaren herrühren könnte. Er hat so ein schönes klares Lachen, das aus seinem Herzen durch den Hals rollt und ihn nackt und schutzlos zeigt. Schutzlos war er immer. Das kann auch, wie bei ihm, den Tod bringen. Und trotzdem sagt er, dass ich mich schutzlos nicht fürchten soll. Gehe den Weg, der Herz hat! Und Peter Beier kommt, mein geheimnisvollster Freund und theologischer Lehrer, der Pfarrer und Bischof mit der schlesischen Mystik aus dem Kraftfeld von Görlitz und Jakob Böhme. Er sagt mir wieder, was er als Prediger schon zur Einweihung des Berliner Domes sagte: Die Wahrheit braucht keine Dome. Und Kirchen braucht die Wahrheit auch nicht, sondern Herzen. Und Jesus, sagt er, Jesus brauchen die Menschen. Die Menschen brauchen Jesus, der all den anderen frommen Spuk auf dieser Welt mit einem einzigen Wort vom Tisch wischt: »Lass dich lieben und dann: Liebe!«

Quellennachweis

S. 21 Heinrich Böll, Für Samay. Aus: Werke. Kölner Ausgabe Band 23. © Verlag Kiepenheuer & Witsch GmbH & Co.KG, Köln 2007

S. 35 Huub Osterhuis, Ich steh vor dir mit leeren Händen. Aus: Gotteslob, Nr. 621, Deutsch von Lothar Zenetti. © Verlag Herder GmbH, Freiburg im Breisgau/Christophorus

S. 101/102 © Peter Horton, München

S. 181 Albrecht Goes, Die Schritte. Aus: ders., Gedichte. © S.Fischer Verlag GmbH, Frankfurt am Main 2008